唐朝興衰

從開元盛世到國運衰退

藩鎮割據、突厥入侵、農民起義……
內外夾擊下，唐朝的命運走向不可挽回的終結

唐朝的衰敗不僅是政治崩潰
更是對社會結構、軍事與經濟的深刻反思

讀懂唐朝的滅亡，避免歷史重蹈覆轍
探究唐朝興衰背後真相，警示當代治理

岑仲勉 著

目錄

前言

第一章　廟堂動盪：權力的起伏與挑戰

　　武則天的政治手腕　　　　　　　　　　011

　　進士科的崛起及其弊端　　　　　　　　014

　　宦官專權與朝政動盪　　　　　　　　　024

　　牛李黨爭對國政的侵蝕　　　　　　　　034

第二章　藩鎮風雲：地方割據與中央危機

　　安史之亂爆發　　　　　　　　　　　　065

　　藩鎮勢力坐大　　　　　　　　　　　　075

第三章　外族侵擾：邊疆的衝突與衝擊

　　唐朝國勢衰微 —— 從對外政策轉變談起　089

　　吐蕃乘勢進犯河隴，攻陷安西、北庭　　094

目錄

南詔崛起與唐朝的邊疆危機　　103

安史之亂中的回紇　　115

第四章　民變興起：百姓反抗與社會變革

剝削加劇，百姓困苦不堪　　125

農民階層的壓迫與反抗之路　　136

王仙芝領導農民起義　　144

農民起義的巨大擴展　　156

輝煌與衰落的交織　　175

結語

前言

憶昔開元全盛日，小邑猶藏萬家室。
稻米流脂粟米白，公私倉廩俱豐實。
九州道路無豺虎，遠行不勞吉日出。
齊紈魯縞車班班，男耕女桑不相失。
宮中聖人奏雲門，天下朋友皆膠漆。
百餘年間未災變，叔孫禮樂蕭何律。

〈憶昔二首〉是唐朝詩人杜甫創作的七言古詩，作於廣德二年。從上段十二句詩句便可以看出唐朝開元盛世的繁榮景象。其實唐朝作為中國最為輝煌燦爛的朝代之一，它的繁榮又何止於此？唐朝的經濟極其發達，長安、洛陽、蘇州、廣州等大都市商賈雲集，對外貿易不斷成長，中東商人如猶太人、波斯人以及阿拉伯人紛至沓來。在軍事力量方面，唐朝軍隊遠征東西兩突厥、滅高昌，中華版圖曾一度不斷擴張。當時唐朝的整體國力強盛，其 GDP 占全世界的 58%，一度成為世界中首屈一指的大國。它開創了四夷賓服、萬邦來朝的繁榮景象，當時日本的天皇曾數次派出遣唐使與中國交流。

一直以來，唐朝被學者們作為重要朝代進行研究，不僅是

前言

因為它繁榮強大,也因為一代王朝從盛到衰,陷入自我瓦解,極具歷史考究和借鑑價值。一個盛世王朝衰落的原因相當複雜,卻也有跡可循,它涉及社會的各方面,但其實在最初的時候,危機就已經顯現。

從統治者的態度上來看,開元中期,玄宗開始怠於朝政,在任用宰相方面,他先罷免了善於處理政事的張嘉貞。認為「承平日久」,像張嘉貞那樣「倦倦事職」的人,不再適合盛世的需求了。隨後在開元九年,任命善於粉飾太平、趨炎附勢、號稱「一代詞宗」的張說為相,使得唐朝「粉飾盛世」的風氣越來越濃厚,國事日非,朝廷也日益腐敗,安祿山才有了可乘之機。

從朝堂內部來看,宦官干政早在貞觀時期就已經出現,當時的宦官張阿難官位升至監門將軍、銀青光祿大夫,封汶江縣開國侯,食邑七百戶。武后時宦官數量增加,中宗時增加到三千多人。玄宗時,四方官員要奏報,必先呈給高力士,然後才能呈給皇帝。小的事件,高力士可以自行解決。楊國忠、安祿山等人也都是因為他才能獲得高官厚祿。

從對待外族態度來看,太宗一生沒有狹隘的民族偏見,認為「自古皆貴中華,賤夷狄,朕獨愛之如一,故其種落皆依朕如父母」。藉姻親與各族修好,形成萬邦來朝的良好局面。面對外族入侵也毫不怯懦,親自掛帥,征討四方,常常使異族願

為之效力。而之後的繼位者,高宗昏庸,武后陰鷙,尤其武后誅鋤異己,使得朝廷將領惴惴不安,老將凋零,新進的將領又不擅兵事,最後只能任由突厥復立、吐蕃跳梁卻毫無對策。

一個盛世王朝的衰落,背後有著複雜的原因,而引人深思。它需要我們認真地解讀、仔細地考證才能夠還原歷史真相,吸收歷史教訓。

本書維持極簡風格,將唐朝的衰亡史濃縮為四個章節:廟堂洶湧、藩鎮危機、外族入侵、農民起義,力求以簡明的言辭還原唐朝衰亡的歷史真相。文字雖然精簡,卻富有學術性。本書作者岑仲勉教授作為二十世紀隋唐史研究領域的大家,對隋唐歷史有精準的掌握。他在解讀唐朝歷史時,透過注釋對書中的人物與事件進行詳細的介紹和解讀,並以《通鑑》、《新唐書》、《舊唐書》等各種文獻史料作為佐證,學術價值極高。

在內容方面,作者不僅描述了唐朝衰落的詳細過程,還對唐朝歷史中的各種困境進行思考,並試圖找到避免危機的辦法。比如藩鎮割據,岑教授指出其實唐朝大部分的藩鎮並沒有出現割據現象,藩鎮割據主要集中在河朔地區。而幽州作為藩鎮割據的始亂之地,它的失守並非沒有轉機。再如官員選拔,一姓崛起,破格錄用輔佐立功的人做官,這是任何朝代都無法避免的,但是如果任由這種破格錄取的事件氾濫,便會破壞正常的政治秩序。諸如此類問題,岑仲勉教授都在本書中做了詳

前言

細的解析。

　　古人云，以銅為鏡，可以正衣冠；以古為鏡，可以知興替；以人為鏡，可以明得失。唐朝的輝煌歲月已經隨著歷史的長河遠去，但是今天的我們依舊需要正視歷史，從歷史的角度借鑑經驗教訓。唯有如此，我們才能擔負起歷史的使命，走向更遠的未來。

第一章

廟堂動盪：權力的起伏與挑戰

第一章　廟堂動盪：權力的起伏與挑戰

一個朝代的衰落往往是從內部開始。從上位者的能力來看，武帝撇去私德不論，總觀其在位二十一年實無絲毫政績可記。對外族侵凌，全無對策，而又居心疑忌，秉性殘酷，無辜民眾受株連者不下萬千。從輔佐的官員來看，科舉進士主思褒貶，實在詩賦，言辭巧麗，於治世無用；牛僧孺、李宗閔結黨蠹國，賄賂公行，一般無行文人，巧舌如簧、搬弄是非；更有宦官攬權，橫行天下，群臣莫敢指其狀，天子不得制其心……

武則天的政治手腕

近人對則天有開脫之辭,然即使撇去私德不論,總觀其在位二十一年(西元 684～704 年)實無絲毫政績可記。突厥橫行於北地,吐蕃跳梁於西陲,對外族侵凌,全無對策。而又居心疑忌,秉性殘酷,來俊臣、周興、丘神、索元禮、侯思止、萬國俊、吉頊之流,乘時出現。俊臣「招集無賴數百人,令其告事,共為羅織,千里響應,欲誣陷一人,即數處別告」,(《舊書》卷 186 上)陷人於罪,全憑鍛鍊。長壽二年,遣劉光業等分往劍南、黔中、安南六道鞫流人,眾以萬國俊先在嶺南殘殺,得加榮貴,於是各肆凶忍,唯恐或後,(同上)無辜民眾受株連者不下萬千,非僅殘殺李氏宗支而已[001]。

《二十二史劄記》十九首以「務取實才真賢」為其開脫,似無非側重姚崇等三數人,然此只屬偶然性而已。彼所用宰相,毫無表現者占四分之一(參第一章〈進士科抬頭之原因及其流弊〉之節),無一長可取者數亦不少(如武三思、宗楚客、姚、楊再思輩)。薛懷義為市井無賴,卻三度付以討突厥之任(永昌元年五月及九月,又延載元年三月),武攸宜、武懿宗皆裙帶

---

[001] 屬高祖系者,有韓王元嘉及子譔,霍王元軌及子緒,虢王鳳之子融,舒王元名及子亶,魯王靈夔及子藹,滕王元嬰之子循琦等六人。屬太宗系者,有蔣王渾之子銑,越王貞及子沖、規、倩,紀王慎及其六子續、(據《舊書》〈來俊臣傳〉及永昌元年《通鑑考異》)琮等,曹王明之子俊、傑。屬高宗系而非武后出者,有澤王上金及其七子義珍等。許王素節及其九子瑛等。

第一章　廟堂動盪：權力的起伏與挑戰

關係者,而各使出討契丹(萬歲通天元年及二年),張易之、昌宗兄弟更為面首之流,而特為置控鶴府,設官屬(聖曆二年),此猶可曰務取實才真賢耶?賦民間農器立頌德天樞,構天堂則日役萬人,採木江嶺,所費兆,懷義用財如糞土,一無所問,鑄九鼎共用銅五十六萬七百餘斤,凡此興建,不知於民生國計,有無絲毫裨益?趙翼猥摭拾三數,動作消極,為之延譽,其亦不思之甚矣。

後之猜忌,親子孫不免,首潛斃其女以誣王皇后,(《新書》卷 76)所生四男,弘死於酖,(《新書》卷 81)賢逼自殺(或云賢非后出,見《舊書》卷 86,賢之長子,後亦被誅),顯(即中宗)旋立旋廢,其長子重潤賜死,旦(即睿宗)雖立而無權。然後究屬中、睿、玄三宗所自出,故唐人常不視為偽朝,先天二年睿宗誥稱「運光五聖」,李白〈上雲樂〉詩稱「中國有七聖」,皆包含武后在內,持異議者只有孫樵《西齋錄》。(《孫可之集》卷五)敦煌本《大雲經疏》稱,后幼時已被緇服,想必緇徒輩一面為其出宮為尼作掩飾,一面又以張吾軍而引人入彀也,未可奉作實錄[002]。

載初(亦即天授)元年(西元 690 年),自稱仿姬周之制,

---

[002] 陳寅恪即據此孤證而信則天少時曾為沙彌尼。(《史語所集刊》五本二分 143 頁)按僧徒作偽,擅改故書,曾於拙著《秦代已流行佛教之討論》揭之,僧人既可以《大雲經》傅會女后,安見其不替дя天遮醜,此種過信,殊未能連繫到實際情況。

以永昌元年（西元 689 年）十一月為正月，十二月為臘月，舊正月為一月，十月為歲終，故永昌元年連閏計，亦僅得十一個月。是年九月，遂革唐命，改國號曰周。此種新曆法，行至久視元年（西元 700 年）末，始令復舊，故久視元年連閏計，乃有十五個月。同時，武后又創造約二十個新字，天為兲，地為埊，日為乙，月為𠛱星為○，君為𠁈，年為𡗗，正為𠦄，臣為恖，照為瞾（后自名曰瞾），載為𡔈，國為圀（囻），初為𡔈，聖為𡕀，授為𣍹（𢼄、𣁳、𣁐），證為𢽿，生為𠦄，幼為𢖶，其中若干頗類道家符咒之字，而且構造怪異，故傳寫或不盡同。（參《互證》卷九）此一套新字，當日風行於僻壤遐陬，現在所見，西北如敦煌莫高窟碑及巴里坤萬歲通天造像，西南如雲南昆陽及廣西龍州關外之石刻，無不遵用，求其故，則當日淫刑羅織有以致之，若曰「聲靈遠訖」，（葉昌熾《語石》卷一）未之敢同。

神龍元年（西元 705 年）正月，則天臥疾，張柬之等擁中宗復位。論者以狄仁傑曾薦柬之，遂稱狄有復唐功。然柬之登朝，年逾七十，此誤偶然性為必然性也[003]。況郇王素節之謫，柬之實陷之，（《舊書》）彼亦因緣時會而已。

---

[003] 參拙著，見《輔仁學志》14 卷一、二合期二頁。

第一章　廟堂動盪：權力的起伏與挑戰

進士科的崛起及其弊端

太宗用人，雖不定各當其才，卻可說毫無界限，此一點就其命相觀之，即顯而易見。今試依《新唐書》〈宰相表〉，從即位日起至臨終日止，計曾居相位者共二十五人；其中如許敬宗、褚遂良同籍杭州，江左派也。王珪（太原人）、溫彥博（并州人）、張亮（鄭州人）、李世（滑州人），河東與河南之編氓也。高士廉（北齊之後）、房玄齡（臨淄人）、封德彝（渤海人）、魏徵（魏州人）、戴胄（相州人）、侯君集（幽州人）、馬周（博州人）、高季輔（德州人）、張行成及崔仁師（均定州人），又皆來自山東地區者也。其餘如劉洎（江陵人）、岑文字（南陽人），與西魏舊朝亦未見有密切關係。尤其是馬周以布衣上書，三命召見，（《隋唐嘉話》）卒登相位。計上舉十八人，已超過宰相總數十分之七，寧能謂太宗保持著「關中本位政策」乎[004]？抑太宗不僅任相如此，命將亦然，列傳具在，可以複檢，此處不必繁敘。

「關中本位政策」或稱為「關隴集團」，以謂則天本家不在此集團之內，故蓄意破壞而代以新興進士。殊未知初唐已優待太原元從，（參《會要》）太原不屬西魏範圍，如當時果持此一

---

[004] 陳寅恪《唐代政治史述論稿》稱：「自高祖、太宗創業至高宗統御之前期，其將相文武大臣大抵承西魏、北周及隋以來之世業，即宇文泰『關中本位政策』下所結集團體之後裔也。自武曌主持中央政權之後，逐漸破壞傳統之『關中本位政策』，以遂其創業垂統之野心。……而西魏、北周、楊隋及唐初將相舊家之政權遂不得不為此新興階級（進士科）所攘奪替代。」（18～19頁）

政策，是從龍之輩已受排斥，其立說明顯脫離現實。抑武后父士彠武德元年官庫部郎中，實握財政出納權，且是「恕死」者十六人之一，（同上引）豈武后亦打擊其本家耶？為此論者無非太重視長孫無忌貶死之事，然無忌之死由於不黨武后，許敬宗非關隴人，卻獲寵任，可相比觀之。

一姓崛起，多破格錄用其輔佐立功之人（唐時稱為「元從功臣」），是任何興朝所必然，非李唐之特有。然而閱時稍久，元佐凋零殆盡，不能不別謀選舉之方，亦事勢應爾。自唐興以至高宗之末（西元 618～683 年），歷六十餘年，已脫離開國時期，正應用人復上軌道──即循資之日。無奈武后任事率情、好惡無定，終其臨朝之日，計曾任宰相七十三人，包含三十八姓；兩《唐書》未立專傳者約占四分之一[005]、出身非進士及明經或出身不明者約占七分之三[006]，除此之外，確知為進士或明經出身者只各得十一人[007]。最突出之例即為韋什方，由

---

[005] 即郭待舉、韋弘敏、王德真、李景諶、騫味道、沈君諒、崔詧、王本立、任知古、裴行本、袁智弘、王璿、韋什方（賜姓武，又稱武什方）、孫元亨、李道廣、房融等十六人。

[006] 即劉景先（又名齊賢）、岑長倩、劉禕之、武承嗣、韋方質、蘇良嗣、韋代價、張光輔、范履冰、邢文偉、武攸寧、傅遊藝、史務滋、宗秦客、樂思晦、歐陽通、楊執柔、李游道、崔神基、崔元綜、李元素、韋巨源、豆盧欽望、王孝傑、王方慶、王及善、武三思、姚元崇（字元之，後單名崇）、魏元忠、張錫、李懷遠、顧琮、李迴秀、朱敬則等三十四人。

[007] 進士為魏玄同、韋思謙、婁師德、蘇味道、周允元、宗楚客、李嶠、吉頊、韋嗣立、張柬之、韋承慶等。明經為裴炎、格輔元、狄仁傑、李昭德、姚璹、陸元方、楊再思、杜景儉（或作景佺，參《通鑑考異》卷 11）、韋安石、唐休璟、崔玄暐等。

第一章　廟堂動盪：權力的起伏與挑戰

嵩嶽山人一躍而作相,破格則誠破格矣,然尚未見有偏向進士科之跡象[008]。抑武后過事殘戮,每欲見好士林,藉圖挽救,故舉人無論賢不肖,咸加擢拜,大置試官以處之（試官者非實官之謂）,致當時有「補闕連車載,拾遺平斗量」之諺。中宗復辟,權落韋后,常用墨敕、斜封除授,有員外、檢校、試攝、判知種種名稱,最多者比原額數逾十倍,時人稱為三無座處（《通典》卷19,指宰相、御史及員外官）,仕途之濫已極。

政治不走上軌道則已,如其走上軌道,而氾濫之破格,實不可以經久。蓋偶然破格,固任何時代所難免,而一般循資,則為任何時代皆不能打破的原則。更析言之,政務上之破格,有時或收效甚宏；常務而破格,勢必引發不良後果。在封建時代,人人得越級而進,更無異於獎勵鑽營,姚崇上玄宗十事,其一即請停罷斜封、待闕、員外等官,開元初葉所以致治,未始不由於此。

用人之正當方法,較古者為選舉；然不能如今時普選之先行動員民眾,結果常權操著姓,對封建統治階級有許多不利之處,故漸歸淘汰。

次是學校；貞觀五年以後,國學生八千餘人,（《唐會要》）可謂盛極一時。然而國學、太學所教,都屬貴族子孫,四門雖

---

[008]　同前《述論稿》又稱：「及武后柄政,大崇文章之選,破格用人,於是進士之科為全國進者競趨之鵠的。」(19頁) 按陳說已辨見本文,若《唐摭言》所云：「進士科……盛於貞觀,縉紳雖位極人臣,不出進士者終不為美」,亦不足據。

有收容庶人子之條文，(均《舊唐書》) 為數有限。且封建時代財政紊亂，取於民者雖多，大半由官吏中飽，俸祿猶或不給，更安有餘力供養莘莘之士子。

「天下英雄入吾彀中」，(語見《唐摭言》) 本封建統治階級集權之目的，行科舉則國庫不須負擔鉅額開支，同時又可收中央集權之實利，選舉、學校被科舉所取代，正是專制政體發展最適合之轉進。

唐代科舉法，最隆重者曰制科，名目繁多，隨時不同。肇於貞觀[009]，稱制科及第者著於顯慶[010]，猶清代「博學鴻詞」、「經濟特科」之類；已中進士，亦應制科，且有一應、再應者[011]。入選之人，每次不過三數名，又非歲歲舉行，對仕途無如何影響。

此外尚有秀才、明經、進士、明法、書、算六項；秀才科最高，貞觀後因事廢絕[012]。明法、書、算三項比較專門，正如《通典》卷15稱：「自是士族所趨向，唯明經、進士二科而已。」

---

[009] 《舊唐書》卷三，貞觀十一年四月，「詔河北、淮南舉孝悌淳篤兼閑時務，儒術該通可為師範，文辭秀美材堪著述，明識政體可委字人，並志行修立為鄉人所推者，給傳詣洛陽宮。」貞觀十五年六月，「詔天下諸州舉學綜古今及孝悌淳篤、文章秀異者，並以來年二月總集泰山。」又十七年五月，「手詔舉孝廉、茂才異能之士。」
[010] 《會要》卷76，「顯慶三年二月，志烈秋霜科韓思彥及第。」
[011] 例如張九齡，神龍二年舉材堪經邦科，先天二年又舉道侔伊呂科。
[012] 後來稱進士曰「秀才」，與此之秀才科名同實異。韓國磐以馬周疏請恢復秀才 (？) 為反對科舉制度 (1954年《廈大學報》文史版第一期〈唐朝的科舉制度與朋黨之爭〉)，殊不知秀才即科舉之一種，韓氏誤。

第一章　廟堂動盪：權力的起伏與挑戰

接著，更進一步推闡開元後進士科得勢之必然性。

據《通典》卷 14，隋煬帝始設進士科[013]，只試策問，與明經科相同。高宗調露二年，劉思立奏二科並加帖經，進士又加試雜文（即詩賦），中間或暫有更張，但不久即恢復舊制，（參《通典》卷 15 及《會要》卷 76）此為唐代考試進士之常式。由是，可見進士於詩、賦之外，亦兼「經術」[014]。至於兩科考試，依《六典》所舉，都經過三關，作比較表如下：

科目	初試	二試	三試
明經	帖一大經（《禮記》或《左傳》）及《孝經》、《論語》、《爾雅》，每經帖十條，能通五條以上者入選	口問大義十條，能通六條以上者入選	答時務策三道，取粗有文理者與以及第
進士	帖一大經及《爾雅》，每經帖十條，能通四條以上者入選	試文、詩賦各一篇	試時務策五道

[013] 韓國磐計房玄齡享年，疑進士科開皇中已出現。（《歷史教學》1955 年第二號 23 頁注 34）按《舊書》〈玄齡傳〉：「年十八，本州舉進士，授羽騎尉。」羽騎尉是何等官，我在《隋書‧百官志》還未查出，吾人須注意「本州舉」三字，本州舉而即可授官，與後來考試權在中央之進士科顯然有所不同，大概是進士科經過煬帝一回改制，名同而實質不同也。

[014] 《述論稿》又稱：「進士科主文詞，高宗、武后以後之新學也，明經科專經術，兩晉、北朝以來之舊學也。究其所學之殊，實由門族之異。故觀唐代自高宗、武后以後，朝廷及民間重進士而輕明經之記載，則知代表此二科之不同社會階級，在此三百年間升沉轉變之概狀矣。」（83 頁）

進士科的崛起及其弊端

兩項對照，明經多帖兩經，似乎較難；然《孝經》、《論語》文字不多，不難兼習。明經初試之及格標準，比進士多一條。進士三試策問，比明經多兩道，所差亦有限。最殊異者在二試；明經只口問經之大義，進士乃寫詩、賦各一篇，吾人對此，首應討論者兩科所習，是否可以「舊學」、「新學」為分野[015]？考詩體溯源於三百篇，賦體兩漢極盛，初唐詩格仍上繼齊梁（元好問〈論詩〉，「風流初不廢齊梁」）。安得謂之「新學」？永隆二年敕：「如聞明經射策，不讀正經，抄撮義條，才有數卷」；開元二十五年敕：「明經以帖誦為功，罕窮旨趣」；（均《會要》卷75）應明經試者之空疏敷衍，活畫現形。又開元十六年楊瑒奏：「今之舉明經者，主司不詳其述作之意，每至帖試，必取年頭、月尾、孤經、絕句」；天寶十一載敕：「比來試人，頗非允當，帖經首尾，不出前後，復出者也之乎頗相類似之處下帖。」（同上《會要》）考試主司之無聊作風，有如兒戲，究其極則如唐文宗所云「只唸經疏，何異鸚鵡能言」？（《南部新書》乙）流弊如此，安得稱曰經術？更安得謂由門族之異而所習各殊？

原夫資質、生活，彼此不齊，事務執行，難易有別，國家取士，理應兼顧各方，不能專懸一最高目標，亦不能偏用一特低模式，職是之故，考試方法本來相同的明經、進士兩科，

---

[015] 《述論稿》說如此，引見注13。

第一章　廟堂動盪：權力的起伏與挑戰

遂逐漸發生歧異。然而某種方法用於某科，只屬定制時的偶然之性，及其施行稍久，進士優勝、明經落後之趨勢，乃得形成。換言之，中唐以後進士科之重用，始屬於必然性，其理由如下：

　1.明經「試義之時，獨令口問，對答之失，覆視無憑」（《會要》卷75）不負責任之主司，便不難徇情作弊。進士詩、賦限韻，要自出心裁，比口試專憑默記者，難易有差。而且進士及第人之文策，須送中書門下詳覆，防弊之術亦較嚴密。

　2.明經試策只須「粗有文理」，便可取中，可見標準已低。

　3.「進士大抵千人得第者百一二，明經倍之，得第者十一二。」（《通典》卷15）又大和四年格，進士不過二十五人；大和八年格，明經不過一百一十人。（《會要》卷76）大抵取錄進士之數，平均每年總不過三十[016]，故當時人稱「三十老明經，五十少進士」。（《唐摭言》）何況，隋開皇三年以後，海內一命以上之官，都經吏部除授（見《隋史》二節），自須安插若干士人；故權德輿云「取明經初不限員」，而一般急於求祿資生者咸出其途，趨之既多，取之就不能不放寬矣。

　4.朝廷典制對於兩科升沉，影響亦非常大。唐承六朝骿儷，高宗後風始漸革，具見前節，唯是除授制敕，依然保有舊

---

[016]　許棠詩：「退鷁已經三十載，登龍僅見一千人」，（《唐語林》卷七）係舉大數言之。

習。詔敕起草者初為中書舍人,玄宗時始漸移其重要部分於翰林學士,機密之件,有時直須宰相執筆。駢文與詩、賦性質相近,若粗有文理之明經,安能勝此?「權德輿為禮部侍郎,擢進士第者七十二,而登宰相者十人,其他征鎮、岳牧、文昌、掖垣之選,不可悉數。」(《漢唐事箋》後集五)固由德輿衡鑑較精,亦進士能適應高階工作有以致之也。

通前文觀之,進士比明經鑽研較廣,標準稍高,名額又較少,《通典》所稱開元二十四年以後「進士漸難」,自是實情。再從客觀方面來說,人情都貴難而賤易,社會上當然輕視明經;同時,進士所習能適應高階工作,仕途上更易於進展。從主觀方面來說,人而志氣低下,不肯奮鬥,就會相率走向明經一途;反之,志趣高尚者則雖在寒門,亦必力爭上游,不甘落後。由是寒族遂向進士科與貴族作殊死爭鬥,競爭愈烈,斯發展愈盛,兩科孰優孰劣,已形成必然之趨勢。

競爭之勝負何如耶?其態勢自不難推知,偶遇主政者特殊助力,寒族非無暫時戰勝之望,如高元裕奏請「科舉之選,宜與寒士,凡為子弟,議不可進」。(見杜牧〈上宣州高大夫書〉)武宗追榜,放顧非熊及第,天下寒酸皆知勸,(《唐摭言》)昭宗頗為孤寒開路,崔凝覆試,但是子弟,無文章高下,率多退落(同上)是也。然而當封建時代,政治為保守勢力所把持、籠罩,主司恆被其支配,故大中進士多膏粱子弟,平進歲不及

第一章　廟堂動盪：權力的起伏與挑戰

三數人，(《北里志》)六年崔瑤知貢舉，牓出率皆權豪子弟，(《語林》卷三)又咸通中以前，牛、孔數家憑勢力，每歲主司為其所制。(同上)職是之故，當時進士名額被舊族公卿子弟占去不少，其著者，鳳閣王(易從)家自武后至大中朝有進士十八人，范陽盧氏自興元元年甲子起，至乾符二年乙未止，除停舉二年外，九十年中登進士者一百一十六人，(《語林》卷四)大和初馮氏進士十人，宿家兄弟叔姪占八人，(同上)崔雍兄弟八人、趙櫓兄弟五人、李景讓兄弟三人皆進士，(《金華子》及《語林》卷四)徐彥若四世進士，此外張元夫家有進士七名以上，楊虞卿、令狐楚家各七名，楊於陵、楊收、李宗閔家各三名，結果終是寒族失敗。

　　簡而言之，進士科之初立，與明經本無軒輊，經過數次無意中之改制，始造成進士比明經優秀之趨勢，非朝廷原來分科早有如是企圖。從舉子的角度來說，應進士或應明經，一方面為社會上意見所規範，另一方面又因個人志趣、能力或家計之差異以決定其選擇，寒族雖可藉進士科而新興，舊族卻未嘗受進士科之影響而墮落(六朝至唐所謂「門第」，並不以官宦為主要標準)，進士既多落在世家，如何能說兩科各以一定之社會階級為代表[017]？如何能劃分進士科為新興階級？

　　科舉之浮華無用，自武后以迄唐末，屢屢有人建言。最早

---

[017]　同上頁注 14。

則天授三年（西元692年）薛謙光疏稱：「煬帝又變前法，置進士等科，故後生復相仿效，皆以浮虛為貴。」（《通典》卷17）次則寶應二年（西元763年）禮部侍郎楊綰奏：「近煬帝始置進士之科當時猶試策而已。至高宗（原誤「祖」）朝，劉思立為考功員外郎，又奏進士加雜文，明經填帖，從此積弊，浸轉成俗，幼能就學，皆頌當代之詩，長而博文，不越諸家之集，遞相黨羽，用致虛聲。……並近有道舉，亦非理國之體，望請與進士、明經並停。」疏上呈後，交廷臣會議，李廙、李棲筠、賈至、嚴武等均贊成其說，（《舊書》卷119及《新書》卷44）李德裕對武宗稱，其祖棲筠惡進士「祖尚浮華，不根藝實」，（《舊書》卷18上）即指此事。同時，趙匡亦著論稱：「主司褒貶，實在詩賦，務求巧麗，以此為賢，不唯無益於用，實亦妨其正習，不唯撓其淳和，實又長其佻薄。」（同前《通典》）在更之後，會昌間高元裕亦持「科第之徒，浮華輕薄，不可任以為治」之見解。（同前引杜牧書）上舉諸人，綰及棲筠、元裕均進士，而知進士確實為樸實者所詬病。然科舉苟廢，統治者究無良法善其後，因此延至近世而始絕也。《新書》稱李德裕「尤惡進士」[018]，求其實，只惡浮華之進士，非全面不用，可見於下

---

[018]《唐摭言》卷三：「會昌三年，贊皇公為上相，其年十二月，中書覆奏，奉宣旨，不欲令及第進士呼有司為座主，趨赴其門，兼題名局席等，條疏進來者」；是禁稱座主等令，純由武宗發起。《新書》卷44，雜採說詞，串為一氣，稱「武宗即位，宰相李德裕尤惡進士，……至是，德裕奏，……自今一見有司而止，其期集、參謁、曲江題名皆罷」，更使人誤會凡進士皆為德裕所厭惡矣。

第一章　廟堂動盪：權力的起伏與挑戰

文論德裕無黨一節。

科舉術語，唐人文字屢見之，今略揭其重要者：進士及第有狀報於朝，名居首者謂之「狀頭」（如授官稱「敕頭」，授勳稱「甲頭」），亦曰「狀元」。各州申送舉子赴京應進士試曰「解」，因之名居首者謂之「解頭」或「解元」。進士通稱曰「秀才」（說見前）。得解者曰「鄉貢進士」，解而得第者曰「前進士」。同榜及第者曰「同年」（即今所稱「五同」之類），主試者曰「座主」。未試前造請權要者曰「關節」。（參《唐國史補》及《唐摭言》）又進士、明經考試，初由吏部之考功員外郎主之，開元二十四年因其位輕，易以禮部侍郎，至唐末不改（《會要》卷59）。[019]

宦官專權與朝政動盪

唐之亡，或云由方鎮，或云由宦官，其實兩者兼有之。然藩帥不恭，河北為烈，河北失於處置，懷恩之攜貳心實致之，懷恩若得副雍王則適。又因程元振、魚朝恩阻子儀，推原禍

---

[019] 劉開榮云：「……不但作不到禮部尚書，掌持文壇（由禮部考試進士）……」（《唐代小說研究》舊版77頁）按考試進士係禮部侍郎專管，與禮部尚書無關。又權德輿出身不由科第，知貢舉三年，（《語林》卷四）張弘靖亦非進士而知舉。（同上8）韓國磐又云：「唐朝考中了進士以後，不是立刻可以得到官職，還須再經過吏部的考試，這叫做省試。」並引韓愈三次省試為例。（同前引）按愈三次省試是應制科之博學鴻詞，且均未獲雋，其入官由董晉所辟。中進士後，並無必須應試制科之規定，故貞元九年應者只三十二人。（參《韓柳年譜》）吏部之選，以試身言書判而後授職，但不名為「省試」也。

宦官專權與朝政動盪

始,方鎮之亂,亦宦官所造成者。

貞觀十一年頃屢遣閹宦充外使,妄有言奏,事發,太宗怒。魏徵進曰:「閹豎雖微,狎近左右,時有言語,輕而易信,浸潤之譖,為患特深,今日之明,必無此慮,為子孫教,不可不杜絕其源。」太宗即詔自今以後,充使宜停。(《政要》卷五。並參《通鑑》卷195貞觀十四年十一月韋元方事;岑仲勉《隋唐史》中〈唐史〉第19節)

宦官攬權,釀於玄宗(見《隋唐史》中〈唐史〉第19節),而成熟於肅、代、德。開、天之際,宦官幾若無所不能,直開前古未有之奇局。尤甚者監軍持權,節度反出其下(高仙芝征勃律,與邊令誠同行)。後來情況愈變愈壞,「戍卒不隸於守臣,守臣不總於元帥,至有一城之將,一旅之兵,各降中使監臨,皆承制詔委任」;(《宣公集》卷18)例如河東帥嚴綬,貞元、元和間在鎮九年,軍政補署,一出監軍李輔光之手。又如淮西之役,諸道皆有中使監陣,進退不由主將,勝輒先使獻捷,不利又陵挫百端,苟非裴度奏請完全罷去,恐無成功之望。

肅宗時,李輔國以扈從靈武功,還京後拜殿中監,兼閑、五坊(鵰、鶻、鷹、鷂、狗為五坊)、宮院、營田、栽接總監、隴右群牧、京畿鑄錢、長春宮等使;凡有刑獄,必詣取決,隨意處分,皆稱制敕。於是譖死建寧王倓(至德二年),矯詔移上

025

第一章　廟堂動盪：權力的起伏與挑戰

皇（玄宗）於西內（上元元年），殺張后及越、兗二王（寶應元年），以閹宦而官司空、中書令，瀆穢朝綱甚矣。究其橫行之由，實為專掌禁兵所致。

寵任宦官，同為漢、唐之弊政；漢以宦官典中書，是政權歸之（漢初禁衛有南、北軍，蓋因方位而得名，與宦官無涉），唐以宦官典禁兵，則兵權歸之，前者易制而後者難圖。代宗身受輔國之逼，不能明正其罪而出以賊殺，既賊殺矣，猶復多方掩飾，追贈太傅，彼輩小人何懼而不作惡耶？程元振雖有翼戴功，然懲前毖後，假不再令專制禁兵，何至吐蕃入犯，諸道坐視，倉惶幸陝，府庫蕩空（廣德元年）。去一輔國，復養一元振，去一元振，復養一朝恩，宦官之害，遂根深蒂固、牢不可拔，故謂唐亡猶如自殺，可也。

魚朝恩初以觀軍容使蒞九節度之師，卒致滏水（乾元二年）、邙山（上元二年）之敗，宜若有所戒矣。及又令朝恩統神策軍（本臨洮西之軍，祿山反後，衛伯玉率之赴陝）駐陝；只因陝州迎駕功[020]，代宗回鑾後，遂超擢為天下觀軍容宣慰處置使，朝恩於是率神策軍歸禁中，自充將領，且收管好時、麟游、普潤、興平、武功、扶風、天興諸縣，勢力益盛。

唐代十六衛（左右衛及驍騎、武、威、領軍、金吾、監

---

[020]　廣德元年吐蕃退出長安，係因傳聞子儀將至，永泰元年則敗於回紇、子儀之合兵，梁思成云：吐蕃兩次進犯長安，魚朝恩都以神策軍平定了大局，（《文物參考資料》33～34期87頁）殊非事實。

門、千牛等七衛，後七衛亦分左右，故共成十六），本以府兵為基本隊伍，府兵制漸壞，自須別謀補充；如高宗龍朔二年置左右羽林軍，玄宗開元二十七年擴置左右龍武軍（用唐隆功臣子弟充之），肅宗至德二載置左右神武軍（因羽林軍減耗、寇難未息之故。《新唐書・兵志》稱：祿山反，天子西駕，禁軍從者才千人），仍不失為因時制宜之策，可議者，後來都付諸閹豎之手耳。羽林等軍統稱北衙六軍，與原有十六衛對峙，故稱十六衛為南衙；因此又常稱宦官所領之兵為北衙。柳伉嘗劾元振，兼及朝恩，請悉出內使隸諸州，持神策兵付大臣；及朝恩既誅（大曆五年），內官不復典兵，其權本可以日削。難料涇卒潰變（建中四年），德宗恨禁軍本不集，僅得竇文場、霍仙鳴諸宦者從行，遂將左右神策，悉委諸竇、霍，特立護軍中尉兩員，而不悟其過在自己誤用白志貞，非外邊武臣之全不可恃。猜疑成性，飛蛾投火，宜乎閹禍之卒不可紓矣。

尤無識者，唐廷之縱容宦寺，不徒付以兵，抑又聽其賄。代宗時，內官使四方者求賂弗禁，某次，遣使賜妃族，所得頗少，代宗滋不悅。又建中二年，振武監軍劉惠光貪婪，軍士共殺之。夫內使恣意苞苴，為守令者苟不能敝屣一官，持正守法，勢必悉索以應；內官既可貪，外官寧復廉潔自持，由是上行下效，重重剝削，民被壓迫而生變，此必然之勢也。

中唐以後，志清閹宦者有三人：其一曰王叔文。順宗即

第一章　廟堂動盪：權力的起伏與挑戰

位，叔文謀奪神策軍權，用宿將范希朝為京西北禁軍都將，其事殆與順宗有默契[021]。順宗在位，僅及七月，然甫繼大祚，即禁宮市之擾民、五坊小兒之橫暴，及鹽鐵使之月進，又出教坊女伎六百還其家，追左降官陸贄、鄭餘慶、韓皋、陽城還京師，起姜公輔為刺史，德宗秕政，廓然一清，「人情大悅」（此語見《順宗實錄》）。只此小小施行，已為李唐一朝史所不多見，躁進小人，豈願辦此？豈能辦此？若叔文引用者如柳宗元、劉禹錫、陸質、呂溫、李景儉輩，皆知名於時，非諸奸人可比，而論者乃詆以居心不正（宋洪邁），冤枉極矣！《舊唐書》稱讚俱文珍忠藎，尤為無識；此因唐末留下之記事，多屬小人秉筆，史家不精別擇，便昧是非。余嘗著論云：「憲宗中宦者計，惑於不願立太子之譖，切齒叔文（《十七史商榷》卷74〈程異復用〉條，謂『憲宗仇視其父所任用之人，居心殆不可問。』猶未澈見其私欲。劉禹錫〈子劉子自傳〉謂，上素被疾，詔下內禪，宮掖事祕。功歸貴臣[022]，於是叔文貶死云云，即欲為叔文此案辯護；不過禹錫晚年深自引晦，故有匿劍

---

[021] 《舊唐書・韓愈傳》言，韋處厚撰《順宗實錄》三卷，愈所撰繁簡不當，拙於取捨，頗為當代所非，穆宗、文宗均嘗詔史臣添改。又〈路隨傳〉言，愈撰《順宗實錄》，書禁中事太切直，宦寺不喜，訾其非實，有詔摘貞元、永貞間數事為失實，餘不復改云云。案經數朝，顯與宦者有關，今傳之韓撰《順宗實錄》，或有一部分已非原貌。

[022] 白居易〈陵園妾〉序：「托幽閉，喻被讒遭黜也。」陳寅恪以為寄慨者「其永貞元年竄逐之八司馬」，（《元白詩箋證稿》254頁）所見甚的。叔文為之魁，別無大惡，被讒亦可想，韓、白同時而臭味不相投，非僅文章致力處各走一途也。白讚劉「文章微婉」，（《長慶集》卷69）即在此等處著眼。

帷燈之隱耳)。文人需次稍久,鬱鬱不得志如韓愈輩(清《陳祖範文集》卷一〈記昌黎集後〉云:『退之於叔文、執誼,有宿憾,於同官劉、柳有疑猜』,正誅心之論,亦持平之論,吾人不能因彼負文名而從恕也),更詆以新進(按柳、劉同於貞元九年舉進士,歷十二年而授從六上之員外,尚非甚躁進者),從而群吠之,釀成君臣猜忌,舊新軋轢,閹寺乃隱身幕後,含笑而作漁人。然叔文暨八司馬輩非真醜類比周、黨邪害正(語本前引《商榷》條),大有公論在也。」(見〈翰林學士壁記注補・自序〉。八司馬即韋執誼、韓泰、陳諫、柳宗元、劉禹錫、韓曄、凌準、程異。又《順宗實錄》雖有改寫,然觀愈作〈柳子厚墓誌銘〉,責宗元「不自貴重」,及不能「自持其身」,可推知《實錄》固不以叔文為然者)[023]。

以論叔文個人,則尤有可記者:「劉闢以劍南節度副使將韋皋之意於叔文,求都領劍南三川,謂叔文曰:太尉使某致微誠於公,若與其三川,當以死相助;若不用,某亦當有以相酬。叔文怒,亦將斬之,而執誼固執不可。」(《順宗實錄》卷四)此叔文遇大事而能不自私且有裁酌於其間者也。得韋皋之助,或足以抗宦官,然去宦官而長藩鎮,則猶飲鴆止渴、拒虎

---

[023] 《韓昌黎集》卷三〈永貞行〉,「小人乘時偷國柄」,視叔文為小人(《新書》卷168 承其說),已論失其平;又曰「侯景九錫行可歎」,則正欲加之罪矣。至於「夜作詔書朝拜官,超資越序曾無難」,無非獨自發牢騷。平心言之,韓此詩直是黨宦口氣,與禹錫不黨宦者臭味迥異,而陳氏《述論稿》竟謂禹錫「所言禁中事亦與退之相同」,(97 頁) 蓋猶未窺〈子劉子自傳〉之真意也。

第一章　廟堂動盪：權力的起伏與挑戰

進狼耳[024]。抑使無韋執誼之固執而終斬劉闢，又何至闢據蜀、邀節鉞，勞朝廷征伐之師耶。

次為文宗。憲、敬兩宗之弒，唐廷無一人敢抗言其事。大和二年，劉蕡直言極諫試，策凡五千餘言，切論黃門橫行，其言：「以褻近五六人總天下大政，……群臣莫敢指其狀，天子不得制其心，……其惡如四凶，其詐如趙高，其奸如恭、顯，陛下又何憚而不去之耶？」其論貪官汙吏，則言：「人之於上也，畏之如豺狼，惡之如仇敵，今海內困窮，處處流散，……官亂人貧，盜賊並起，土崩之勢，憂在旦夕。」又主張「斥遊惰之人以篤其耕植，省不急之費以贍其黎元。」考官憚宦官，不敢取，物論皆為叫屈（《舊書》卷190下）。大和末，文宗謀去宦官，未始不為劉之言所感動。換言之，此一舉措，文宗實主其事，鄭注等不過居輔成地位（昭宗天復〈昭雪王涯等十七家詔〉，有云：「並見陷逆名，本承密旨」，可證），閹寺處此，上無所施其主君搖惑，下無可扇其兩派交爭，洎楊承和、韋元素、王踐言流徙遠州，陳弘志杖殺，王守澄賜鴆，王守涓被誅

---

[024] 范仲淹《論叔文》云：「劉禹錫、柳宗元、呂溫坐叔文黨，貶廢不用，覽數君子之述作，禮意精密，涉道非淺，如叔文狂甚，義必不交。叔文以藝進東宮，人望素輕，然傳稱知書好論理道，為太子所信，順宗即位，遂見用，引禹錫等決事禁中，及議罷中人兵權，抵俱文珍輩，又絕韋皋私請，欲斬之（按此「之」字衍）劉闢，其意非忠乎？皋銜之，會順宗病篤，皋揣太子意，請監國而誅叔文，憲宗納皋之謀而行內禪，故當朝左右謂之黨人者，豈復見雪。《唐書》蕪駁，因其成敗而書之，無所裁正，孟子曰，盡信書不如無書，吾聞夫子褒貶不以一毫而廢人之業也。」（據紹興卅二年嚴有翼〈柳文序〉轉引）

（弘志即弒憲宗之人，皆大和九年事），事機日逼，兔死狐悲，遂不得不鋌而走險，是釀甘露之變。《十七史商榷》〈訓注皆奇士〉條，辨《新唐書》本傳詭譎貪沓之說，語最公允。當日閹人勢盛，士夫固多為作鷹犬者，《新唐書》僅據舊籍轉錄，正王氏所謂史官曲筆，不可盡恃也。《通鑑》卷245云：「訓、注本因守澄進，卒謀而殺之，人皆快守澄之受佞而疾訓、注之陰狡」；又評訓、注二人云：「況李訓、鄭注反覆小人，欲以一朝譎詐之謀，翦累世膠固之黨」；按處變用權，聖賢所許，因守澄而進，固未能定訓、注終身。舊說謂訓、注反覆，無非為其謀殺守澄，充彼輩之說，則邪正不分，示人以從惡須終，而絕人自新之路，其為悖理，無待著龜。文宗既與鄭、李有密謀，（見《通鑑》卷245）則請問頭巾書生，應背守澄以誅奸惡乎？抑應念私恩而忘國事乎？大義尚可滅親，以謀守澄而曰鄭注反覆，直不啻為宦官洩憤。行譎詐之謀，猶不克寡，而謂憑三數人之公言（充其量不過一劉，於國事無大補救），可以翦惡乎？狄仁傑薦張柬之，論者極稱其保唐有功；夫五王（柬之與袁恕己、敬暉、桓彥範、崔玄），武后所用，而幽武后者五王，未聞責五王之背武后也。司馬光之論鄭、李，與《新唐書》之論叔文，一鼻孔出氣，質言之，迂儒不可與言大事而已。然閹宦之怒鄭、李、王（涯）、顧（師邕）諸君子，猶未息也，即〈翰林

第一章　廟堂動盪：權力的起伏與挑戰

學士壁記〉之小小留題，亦芟除務盡[025]，藉口曰「文字昧沒」，美稱曰「粉繪耀明」（皆丁居晦〈翰林學士壁記〉中語），讀史者稍一失察，便為居晦之曲筆所蒙，閹寺之用心，不既陰且狠乎！閹寺之手段，不既毒且辣乎！文宗得不至滅燭之弒（敬宗），少陽之幽（昭宗）者，徒以外乏奧援（如澤潞劉從諫表請王涯等罪名），有所顧忌耳。幸奸邪雖熾，正誼終存，寺人之陰狠、毒辣，可以掩當日之目，不能盲後世之心，可以鉗百官之口，不能斷史家之腕。吾人生千百年下，猶得發其覆、揭其私，使鄭、李、王、顧諸君子之名，不至終於「昧沒」。（「閹寺處此」以下一大段，原見前引《壁記注・序》，唯字句先後，略有更動）李潛用記甘露之變，謂之〈乙卯記〉，李商隱詩只題〈乙卯年有感〉，都不敢顯斥其非（《漁隱叢話》前 22 引蔡寬夫《詩話》。大和九年是乙卯年），可見當日宦官橫行，人敢怒而不敢言之狀。

　　第三人為崔胤，另見下文。

　　憲宗英武，較肅、代、德三宗稍勝，故元和之治，凌駕中唐，如斥劉光琦之分遣敕使齎敕書（元和三年），允許孟容械繫神策吏李昱（四年），抵許遂振於罪（五年），賜死弓箭副使劉希光及五坊使楊朝汶（六及十三年），杖死王伯恭（六年），聽

---

[025] 《資暇集》下云：「大和九年後，中貴人惡其名（注子）名同鄭注，乃去柄安系……目為之偏提。」可見我謂〈翰林院壁記〉之改修，係宦官欲削去鄭注、李訓、王涯、顧師邕諸人之名，並非臆測及深文之論。

裴度言，撤回諸路監軍（十二年），又呂全如擅取樟材治第，送獄自殺，郭旻醉觸夜禁，即予杖殺，未嘗不奮其剛斷，振彼朝綱；然寵任吐突承璀，始終不悟，卒死小人之手，復何閔焉。

自憲宗而後，除敬宗以太子繼位外，無不由宦官擁立：

穆宗　　梁守謙、王守澄等。

文宗　　梁守謙、王守澄、楊承和等。

武宗　　仇士良、魚弘志。

宣宗　　諸宦官。

懿宗　　王宗實。

僖宗　　劉行深、韓文約。

昭宗　　楊復恭、劉季述。

宦官之中，又以神策派占多數，握兵權也。穆宗之立，神策軍士每人賞五十千，六軍人三十千，金吾人十五千。敬宗之立，神策軍士猶每人賜絹十匹、錢十千，視藩鎮之擁立留後，曾無以異，夫何怪復恭有定策國老、天子門生之誇語，而文宗至於泣下沾襟也。（《新唐書》〈仇士良傳〉）

第一章　廟堂動盪：權力的起伏與挑戰

牛李黨爭對國政的侵蝕

邪正不辨，敵我不分，最是人心之大患。牛僧孺、李宗閔結黨蠹國，賄賂公行，一般無行文人，鼓其如簧之舌，播弄是非，顛倒黑白，遂令千百年後之正人君子，猶被其矇蔽而不自覺，是以不可不大聲疾呼，亟加以廓清、辨正也。

（一）李德裕無黨

元和以後，出現「牛李」一詞，牛指僧孺，自無待論，「李」則相沿以為指目德裕，或且推及其父吉甫，此應辨明者一。《舊書》卷174〈李德裕傳〉：「宗閔尋引牛僧孺同知政事，二憾相結，凡德裕之善者皆斥之於外。（大和）四年十月，以德裕檢校兵部尚書、成都尹、劍南西川節度……，至是恨（裴）度援德裕，罷度相位，出為興元節度使，牛李權赫於天下。」「牛李」顯指前文之「二憾」無疑。又《新書》卷174讚云：「僧孺、宗閔以方正敢言進，既當國，反奮私暱黨，排擊所憎，是時權震天下，人指曰『牛李』，非盜謂何？」是「牛李」一詞之原意，當時人原用以指斥僧孺、宗閔之結黨營私，五代時史官及宋祁尚能知其真義。無如牛黨之文人，好為讕言，施移花接木之計，把「李」字屬之德裕，形成「牛」、「李」對立，藉以減少對僧孺之過惡。後世不察小人之用心，遂至今而仍被其矇蔽。

德裕與僧孺不和,益令人誤信德裕確樹黨與僧孺為敵,此應辨明者二。後世政黨各標舉其政策,故可形成對立。僧孺、宗閔之黨則不然;其目的、手段只是把持政權,以個人及極少數之利益為第一位,而不顧國家、人民,性質屬於黑暗集社,並非必有對立之敵黨,吾人讀史,不應執著於「兩黨」之成見。而且,德裕兩度執政,初次自大和七年二月至八年十月,第二次自開成五年九月至會昌六年四月,末次尤得武宗專信,如果樹黨,正是其時。然而宣宗貶德裕,被波及之官位較著者,僅有工部尚書薛元賞、京兆少尹元龜兄弟及給事中鄭亞、劉濛三數人,元賞在開成初已位躋方鎮,挫抑閹寺,大為《新書》(卷 197)、《通鑑》(卷 245)所稱道,且不久後,仍與劉濛一同被起用。其餘德裕引進者,如白敏中、周墀、崔鉉,更大受宣宗倚任,敏中及墀固世所稱牛黨分子。又柳仲郢為僧孺關客,德裕不以為嫌。(《舊書》卷 165)徵諸史實,德裕無黨,事甚瞭然。或又引《舊書》卷 171〈張仲方傳〉,「自駁諡之後,為德裕之黨擯斥,坎坷而歿」,以明德裕有黨;但同傳曾載文宗謂「仲方作牧守無政,安可以丞郎處之」,是仲方自無能,何與李事,且彼嘗歷官中外,尤不得謂之坎坷也。

再徵諸德裕本人之言論,則文宗嘗與之論朋黨事,德裕對曰:方今朝士三分之一為朋黨;(《通鑑》卷 244)言外見得德裕不結私黨。然此猶可諉曰德裕自譽也,今又進而求諸唐末中

第一章 廟堂動盪：權力的起伏與挑戰

立派之言論，則懿宗時（咸通十年後），范攄《雲溪友議》卷八云：「或問贊皇之秉鈞衡也，毀譽無如之何，削禍亂之階，關孤寒之路，好奇而不奢，好學而不倦，勛業素高，瑕疵不顧，是以結怨侯門，取尤群彥（光福、王起侍郎自長慶三年知舉，後二十一載復為僕射，武皇時猶主柄，凡有親戚在朝者不得應舉，遠人得路，皆相慶賀）。後之文場困辱者，若周人之思鄉焉，皆曰八百孤寒齊下淚，一時回首望崖州。」僖宗時，無名氏《玉泉子》云：「李相德裕抑退浮薄，獎拔孤寒，於是朝貴朋黨，德裕破之，由是結怨而絕於附會，門無賓客。」又昭宗時，裴庭裕《東觀奏記》上云：「武宗朝任宰相德裕，雖丞相子，文學過人，性孤峭，疾朋黨如仇讎。」庭裕自承李珏（牛黨）是其親外叔祖，尤見評價無偏。宋孫甫《唐史論斷》成於《通鑑》（元豐七年）之前，司馬光曾為作跋（元豐二年），其卷下謂「德裕所與者多才德之人，幾於不黨」；在「牛李」案中最是平心之論。反觀，如牛派為死黨，則《玉泉子》有云：「楊希古，靖恭諸楊也，朋黨連結，率相期以死，權勢燻灼，力不可拔。」（楊汝士是牛黨之一，居靖恭坊）德裕無黨，僧孺一派有死黨，記載甚分明，奈史家弗察，妄稱「牛」、「李」各分朋黨，互相傾軋，垂四十年[026]，以嫉視小人為私黨，排斥奸佞為

[026]《舊書》卷176〈李宗閔傳〉：「長慶元年，子婿蘇巢於錢徽下進士及第，其年巢覆落，宗閔涉請託，貶劍州長史。時李吉甫子德裕為翰林學士，錢徽榜出，德裕與同職李紳、元稹連衡言於上前云：徽受請託，所試不公；故致重複。比相

傾軋，如此顛倒是非，舉世寧復有公論。

不畏強禦，拒絕請託，最易招人毀謗；若不挾私怨如丁柔立（見《通鑑》大中二年正月下），封建時代寧得幾人，牛黨對德裕父子多怨辭，在現存晚唐史料中，滲雜不少，此宜辨明者三。大抵牛黨對於異己，多任意誣善[027]，而對德裕尤為怨府，其深文巧詆，稍一不察，便墮術中。開成五年正月，武宗即位，楊賢妃、安王溶、陳王成美賜死，《舊書》卷175採牛黨之說，以為德裕主謀；殊不知其時德裕尚在淮南，司馬光雖持偏牛態度，亦不能不為之辨正。（《通鑑考異》卷21）周墀遷江西觀察，明明是德裕薦拔，而杜牧則以為德裕無法吹求墀之過失，故不得已而提拔[028]，可謂極盡搬弄是非之能事。或更覺

嫌惡，因是列為朋黨，皆挾邪取權，兩相傾軋，自是紛紜排陷，垂四十年。」推《舊傳》之意，係由元和三年（西元 808 年）制策案起，計至大中初元（西元 847 年），恰符四十之數。《新書》卷 174〈李宗閔傳〉只過錄《舊書》，故措辭亦含糊。司馬光修《通鑑》，明知元和時代僧孺等人並無可能與吉甫對抗立黨，於是變易其文，在長慶元年下書稱：「自是德裕、宗閔各分朋黨，更相傾軋，垂四十年。」一面似已替《舊傳》彌縫，另一方面卻又自開漏洞。因為自長慶元年（西元 821 年）起，須計至咸通初元（西元 860 年），才夠四十之數，即使承認德裕得勢時有黨，然自彼外貶至十餘年間，事實上並無人繼而代之（觀德裕在崖州與姚諫議書所云「平生舊知，無復弔問」，可以得知），從何施其傾軋？故《通鑑》改寫，反不如因循舊說，表面尚說得去矣。（《述論稿》94～95 頁以為始自元和，是承《舊書》之誤。）

[027] 全祖望〈李習之（翺）論〉云：「且習之而懼逢吉耶，亦不敢斥逢吉；既斥之矣，抑復何懼之有？是蓋當時朋黨小人誣善失實之同，而史臣誤采之者，雖以荊公之識，不能盡諒此事，異矣。」

[028] 杜牧〈周墀墓誌〉云：「李太尉德裕伺公纖失，四年不得，知愈治不可蓋抑，遷公江西觀察使兼御史大夫。」（《樊川集》卷七）即使退一步如牧所言，德裕仍比始終挾怨報復者更勝一籌。

第一章　廟堂動盪：權力的起伏與挑戰

其未足,則又假聞人之名以惑後世,如所傳白居易〈貶崖州三首〉[029],白已死於兩年前,固人人知其作偽者也。

更有以為僧孺、德裕分樹兩黨,各自有其階級分野者,如沈曾植謂「唐時牛李兩黨以科第而分,牛黨重科舉,李黨重門第」[030],此或一時不經意之言。近年陳寅恪從而推闡之,然其論實經不起分析,此宜辨明者四。原夫沈之立說,或因《玉泉子》稱:「李德裕以己非由科第,恆嫉進士舉者。」[031]然此條陳氏已揭出其不可信[032]。今試觀德裕入相武宗而後,除杜悰以門蔭、駙馬進身外,其餘陳夷行、李紳、李讓夷、崔鉉、李回、鄭肅六相,均是進士,按進士地位取得優勢,然非謂進士科可以把持整個仕途也。陳氏誤會《舊書》不明確之敘述,謂因崔祐甫代常袞當國,用人不拘於進士,「前日常、崔之異同,即後來牛、李之爭執」[033];殊不知進士名額,平均每年絕不能超過三十(參見岑仲勉《隋唐史》中〈唐史〉第十八節),由於不樂仕宦、死亡因素及進士多中年人(同上)各種原因,任何時期可能在仕途之進士數目,試假定為六百,並不低估。此六百

---

[029]　參拙著《白氏長慶集偽文》(483～484頁)。
[030]　據張爾田《玉谿生年譜會箋》三引。
[031]　此一條語焉不詳,如謂德裕嫉進士中之浮華者,則並不為誤,可參看前第一章第二節。
[032]　《唐代政治史述論稿》73頁。
[033]　《唐代政治史述論稿》89頁引《舊書》卷119〈常袞傳〉:「尤排擯非辭科登第者。」又同卷〈崔祐甫傳〉:「常袞當國,……非以辭賦登科者莫得進用,……及甫代袞,……作相未逾年,凡除吏幾八百員」。

人當中又可劃分為三級,每級只約二百人;第一級登第未久,所官不過縣尉、主簿之類。

第二級年資中等,內則遺、補、御史,外則藩鎮幕僚。第三級年資最老,位至郎中、刺史,甚而尚、侍、宰相。如果把內外文職進行統計,便能得知進士數目,遠遠供不應求,甫未上任一年就除吏八百(《論事集》卷五,「每年春同年吏部得官一千五百人」,數更倍之),即使全用進士,仍是不敷,何況六百人中最少有三分二已廁身仕途耶。每歲吏部常選,皆懸缺待補之員,抑亦非宰相所能積壓。是知任何人執政,均無全用辭科或完全排斥非辭科之可能,常衰在任時之偏差,大概只是不喜援引非辭科出身者。論者未從客觀視角了解實際情況,漫據書本上模糊之詞,以行推斷,過矣。

陳氏亦覺沈氏說辭站不住腳,於是提出兩項區別:(甲)山東士族以經術、禮法為門風。(乙)新興階級係文詞浮薄之士,既轉成世家名族,遂不得不崇尚地冑(按「地冑」即「門第」之變文),同時,士族之舊習門風淪替殆盡者,亦屬此類[034]。乍觀似剖析入微,細讀乃牴牾顯現;今先就德裕本人論之,鄭覃女孫所適為九品衛佐之崔皋,陳以為保持舊門[035],然德裕以淮南使相之公子,竟娶一個「不知其氏族所興」及「不生朱門」之

---

[034]　《唐代政治史述論稿》卷 77,180 頁。
[035]　同上 79 頁。

第一章　廟堂動盪：權力的起伏與挑戰

劉氏為妻[036]，則又何說？豈非德裕已門風廢替與新興階級同流耶[037]？夫所謂舊族或非舊族，需由其人所屬之整個氏族而言，有遠系可考者曰「舊」，無遠系可考者為「新」，區別甚易，不問本人之富貴、貧賤及行業如何也。故崔皋雖九品衛佐，不害其為舊族，李稹只自署「隴西」，（《國史補》上）意亦相同。如陳之說，則舊族或新興，直應以個人之行業為標準，此豈中古時期「門第」之真義[038]。抑既曰「李黨重門第」，何以德裕反

---

[036] 德裕自撰〈劉氏志〉云：「煉師道名致柔，臨淮郡人也，不知其氏族所興。……不生朱門。」志又稱，劉嫁德裕四十一年，於大中三年己巳去世，依此上推，其婚嫁於元和四年己丑，正值吉甫節度淮南之時。陳氏未細讀志文，誤認劉是李妾，（《史語所集刊》五本二分173頁）事因同時出土者又有李妾（〈徐盼志〉），徐亦曾入道（同上169頁），但女子入道，與妻、妾身分無固定連繫。（何光遠《鑑誡錄》二，「李德裕相公性好玄門，往往冠褐」）若劉是妻非妾，最少有三個鐵證：(1)〈徐志〉稱其生子二人，一名多聞，次名多燁；〈劉志〉則稱「有子三人，有女二人，聰敏早成，零落過半，中子前尚書比部郎渾，……幼子燁、鉅」；前志只記所生，後志兼記徐妾所生，嫡庶之分極明。(2)徐是妾，故志云：「惟爾有絕代之姿，……庶爾之識爾之墓。」帶狎昵及命令口氣；劉是妻，故志云，「愧負淑人」，措辭莊重，尤其銘文「念子之德，眾姜莫援」，眾姜指各妾，劉非嫡妻而何？(3)〈劉志〉後，第四男燁附記云：「己巳歲冬十月十六日，貶所奄承凶訃，……匍匐詣桂管廉察使張鷟，請解官奔喪，竟為抑塞。……壬申歲春三月，扶護帷裳，陪先公旌旐發崖州」，明顯是庶子致敬嫡母之文；唯劉為嫡母，故燁須解官奔喪，若劉為眾妾，則無需於此。上述三項均中古士族最重要之禮法，陳氏屢屢標榜禮法，反忽略嫡、庶之分，寧非百密一疏耶！鷟為牛黨之一（參《舊書‧李德裕傳》），故阻燁奔喪，可見牛黨之報復手段。

[037] 《述論稿》87頁云：「亦有雖號為山東舊門，而門風廢替，家學衰落，則此破落戶之與新興階級不獨無所分別，且更宜與之同化。」

[038] 《唐語林》卷四：「崔程謂人曰，崔氏之門若有一杜郎，其何堪矣！」杜氏自興起以來，屢代簪纓，卻被崔程如此鄙視，可見唐人所謂「門第」，有時就全族立論。

獎拔孤寒[039]？「孤寒」者孤立寒門，是與「舊族」極端對立之階級也。抑既曰「牛黨重科舉」，而又曰「崇尚地冑」，是牛黨熔「科舉」、「門第」於一爐也。高元裕奏請，「科舉之選，宜與寒士，凡為子弟，議不可進」（見第一章〈進士科抬頭之原因及其流弊〉），是舊族未嘗不極力爭取進士也。如斯糅合，兩派之間，何能劃出一道鴻溝？李玨、楊嗣復明明是舊族，陳曰：「即使俱非依託，但舊習、門風，淪替殆盡。」試問淪替殆盡，有何證據？李玨初舉明經，依陳氏論證之法，還繼承著北朝經術，未得為「家學衰落」。嗣復之父於陵，「居朝三十餘年，……始終不失其正」，更萬不能遽斷其「門風廢替」。文宗有言：「輕薄、敦厚，色色有之，未必獨在進士。」（《舊書》卷173）彼於當時風氣，自必知之較悉；觀開天間，貴門子弟爭詣名姬楚蓮香（《開天遺事記》）及白行簡所撰《李娃傳》，便可互相映證。杜牧本出「城南韋杜、去天尺五」（《辛氏三秦記》）之舊門，而其人特以浪漫著稱，浮薄之士，何以必在新興？陳無法變通，乃執杜佑之一節，列牧於新興階級[040]，由是舊族可以撥入新

---

[039] 《述論稿》79～80頁。
[040] 《述論稿》謂佑以妾為妻，不守閨門禮法。（92～94頁）按宋吳綱《五總志》：「杜佑妻梁氏早卒，既久嬖姬李氏，有敕策為夫人。崔鷹勸佑讓封梁氏，且為表，其略曰：以妾為妻，魯史所禁；又云：豈伊身賤之時，妻同勤苦，而於榮達之後，妾享封榮，上憐之，乃並封梁氏」；則冊封之舉，發自德宗，佑雖嬖李，然仍未正妻號，故權德輿撰〈佑墓誌〉，不提李氏。陳漏檢此條，遂所論並不中肯。《述論稿》又謂佑父希望以邊將進用，並非士大夫之勝流門族（同上）；按希望曾為恒州刺史，代、鄯二州都督，並不能算是邊將；其祖行敏為荊、益二州長史，父懟為右司員外郎、麗正殿學士（均見拙著《姓纂四校記》

第一章　廟堂動盪：權力的起伏與挑戰

興，新興又忽變成舊族，構成「團團轉」之論證方法^[041]。夫近世論階級烙印，並不容易脫換，今所謂「兩階級」既絕無清楚界限，究屬新興抑屬舊族，可以任意安排，執「既自可牛……亦自可李」之游移態度，或更謂「牛李兩黨既產生於同一時間，而地域又相錯雜，則其互受影響，自不能免，但此為少數之特例，非原則之大概也，故互受影響一事，可以不論」^[042]，不了了之。若夫明經之為學，則文宗所云「只唸經疏，何異鸚鵡能言」，已是定評，濫以「經術」相推，滑稽已極。吾人從事實細推求之，則知牛黨對德裕，只是同一士族階級內結黨營私者與較為持正者之間的相互鬥爭，並非「門第」與「科舉」之爭^[043]；因為對於爭取「科舉」出身，舊族與寒族並無二致，陳氏支離其辭，正所謂遁辭知其所窮^[044]，已無贅述之必要。今試

　　　611 頁），家系如此，寧可謂非勝流士族耶？由此愈見陳氏之抹煞事實，執持成見。

[041]　《述論稿》（91 頁）云：「山東舊族苟欲致身通顯，自宜趨赴進士之科，此山東舊族所以多由進士出身，與新興階級同化，而新興階級復已累代貴仕，轉成喬木世臣之家」（79 頁文略同）；進士變成門第、門第轉入進士之混亂狀態，遠發展於牛黨產生之前，到牛黨滋長時期，兩派分野，恐彼輩自己亦無從辨別。且如德裕祖棲筠出身進士，何以不列新興？倘曰棲筠能守家風，何以不走明經？（《述論稿》91 頁有「仕進無他途」之言，誤也）且德裕不聯婚七姓，反取不知氏族之女子為妻（依管見推之，德裕之妻可能出身妓女，蓋如為貧農之子，猶可用「父某躬耕樂道」一類句語填入，今直云「不知其氏族所興」，當有難言之隱矣）。寧非陳所謂家風淪替耶？

[042]　《述論稿》86～87 頁。

[043]　《述論稿》屢提「山東士族」及「七姓」字眼，其意思是不屬此者就非舊族。但京兆韋氏之閬公房，曾列入「山東士大夫類例」之內，「山東」一詞，不能呆讀；張沛稱許「隴西李壹」，而袁誼斥為「山東人」（《舊書》卷 190 上）亦可為證。

[044]　此外陳氏尚提出三點（87～89 頁）：（一）「牛李兩黨之對立，其根本在兩晉北

分列兩者，其說能否成立，讀者當可明瞭矣。

(甲) 牛黨

牛僧孺　舊族及進士。

李宗閔　同上。

李珏　舊族，明經及進士。

楊嗣　復舊族及進士。

魏謩　同上。

楊虞卿　同上。

楊汝士　同上。

楊漢公　同上。

蕭澣　同上。

李漢　同上。

朝以來山東士族與唐高宗、武則天之後由進士詞科進用之新興階級兩者互不相容，至於李唐皇室在開國初期以屬關隴集團之故，雖與山東舊族頗無好感，及中葉以後山東舊族與新興階級生死競爭之際，遠支之宗室及政治社會之地位實已無大別於一般士族」；費如此力氣，無非為替牛黨有宗閔尋求一個「例外」（非「原則」）。但須知舊族或非舊族的分界，只問其有無遠祖、是否為名門，初無「遠支」、「近支」之別，李回是太祖系，比宗閔為高祖系者支派更遠，何以李回又編入「李黨」？(二)「凡山東舊族挺身而出，與新興階級作殊死鬥者，必其人之家族尚能保持舊有之特長，如前所言門風家學之類，若鄭覃即其一例」；但對於李珏、楊嗣復，卻不能拈出門風廢替之實例（說見前），然則鄭覃個人合乎其例，實係偶然，非普遍原則也。(三)「凡牛黨或新興階級所自稱之門閥，多不可信也」；按彼輩以舊族自居，時人信之，此是當年之現實，陳氏必要把僧孺、令狐楚排出於西魏以來關隴集團之外，無非扭曲史實以遷就其臆見。

第一章　廟堂動盪：權力的起伏與挑戰

張元夫　同上。

杜悰　同上。

杜牧　同上。

白敏中　同上。

蘇景胤　同上。（《因話錄》卷三）

李續　出身不詳[045]。

張鷺　同上。

張又新　進士，非舊族。

周墀　同上。

熊望　同上。

劉棲楚　出身寒鄙，為鎮州小吏。

此外尚有兩人，被陳氏列入牛黨，而實際不然者：

白居易　舊族及進士。長慶元年，白為進士重試官，未取宗閔婿蘇巢，再者，與主張用兵之裴度關係良好，顯不能列於牛黨。陳又謂白不孝[046]，其事早經陳振孫《白文公年譜》辨正。陳復拾羅振玉遺稿之說，認白父季庚舅、甥為婚，罪犯刑

---

[045]　《新表》卷 72 上，趙郡東祖房有李續，曹州刺史，時代不符，非此人。或作李續之，按郎官柱及拓本王譚志（咸通五年）皆作李續，《舊書》卷 165〈柳公綽傳〉同。

[046]　《述論稿》91 頁。

事[047]，更屬厚誣。如果德裕鄙薄白家[048]，何故拔用敏中[049]？

[047] 見《元白詩箋證稿》292～303頁；其論據出自居易所撰〈外祖母陳白氏墓誌〉，誌云：「夫人，大原白氏，其出昌黎韓氏。……唐利州都督諱士通之曾孫，尚衣奉御諱志善之玄孫，都官郎中諱溫之孫，延安令諱鍠之弟（陳引訛作「第」）某女，韓城令諱欽之外孫，……故潁川縣君之母，故大理少卿襄州別駕白諱季庚之姑。」（《叢刊》本《長慶集》卷25，潁川縣君即居易之母）此文非加以校正，則於事理不通，是眾所公認。陳以為應「曾」、「玄」二字互易，又羅、陳均認「姑」字是居易諱言；殊不知陳校假如不誤，則陳白氏為季庚姊妹，已和盤托出，居易何必尚效鴕鳥埋首沙中，作一字之諱飾，其解釋實異常脫離現實！我二十餘年前手頭校本，則去「玄」、「某」兩衍字，改「之孫」為「之女」，易「弟女」為「女弟」（〈李公夫人姚氏志〉：「相州臨河縣令、贈太子右庶子府君之季女也，祕書監、贈禮部尚書我府君之女弟也。」見拙著《唐集質疑》77頁）。如是，則陳白氏確為季庚之姑，季庚與潁川縣君不過是同輩表親結婚，絕非舅、甥聯婚。如果依羅、陳說，陳白氏是鍠之女，則鍠娶「河東薛氏，夫人之父諱俶，河南縣尉」（據《白集》卷29〈白鍠事狀〉），〈陳白氏志〉應云：「其出河東薛氏，……河南縣尉諱俶之外孫。」今乃云「其出昌黎韓氏，……韓城令諱欽之外孫」，此為陳白氏非鍠女而為溫女，亦即季庚非舅、甥聯婚之鐵證。抑文家替外人作碑誌，不審其雁行，故稿內有用「第某女」字樣；若陳白氏為居易尊屬，排行應自知之，蓋傳本《白集》既倒「女第」為「弟女」，妄人又強插「某」字於其間，痕跡尚可覆按也。唯陳既加季庚以刑事罪名，又重誣大詩人之家風浮薄，故不得不詳為其昭雪。陳振孫《年譜》云：「有陳府君夫人白氏……墓誌，夫人，公之祖姑、且外祖母也。」其所見墓誌必尚未傳訛。

[048] 《述論稿》91頁。陳氏又云：「以樂天父母之婚配既違反禮律，己身又以得名教獲譴，遂與矜尚禮法家風之黨魁，其氣類有所不相容許者也。」（《元白詩箋證稿》302頁）按白、李非摯友，自無可疑，但前兩事皆莫須有之罪，居易原俯仰無愧。李娶寒門之劉，若依陳說，正所謂社會不齒者（同上106頁），德裕又憑什麼家風以傲白？況彼並無不容居易之明確事蹟耶。

[049] 白非牛黨，已見正文。居易〈論制科人狀〉請僧孺等三人准往例與官，（《集》卷41）無非公事公言，且其時牛未入仕途，絕無結黨之跡象，後此牛終身通顯而《長慶集》極少來往篇章，是可證也。居易會昌六年〈立春日人日〉詩：「試作循、潮、封眼想，何由得見洛陽春。」循、潮、封指僧孺、嗣復、宗閔，語含譏諷，白如是牛黨，必不作如此話頭。若據白詩自注，「循、潮、封三郡遷客皆洛下舊遊」為證，則須知「舊遊」與「相知」異；居易〈感舊〉詩云：「晦叔墳荒草已陳，夢得墓濕土猶新。微之捐館將一紀，杓直歸丘二十春。平生定交取人窄，屈指相知唯五人。……豈無晚歲新相識，相識面親心不親。」（《集》卷69）此是真誠話，然四人中無一牛黨。裴度何嘗不是洛中舊遊，而彼則與牛黨對立，是知循、潮、封者正是面親心不親之流也。再從反面觀之，文宗時，

第一章　廟堂動盪：權力的起伏與挑戰

蕭俛　出自後梁，瑀至俛一家五相（瑀、嵩、華、復、俛）。俛嫉奸邪，性介獨，家行尤孝，（《舊書》卷172）曾上疏救吉甫，無依附牛黨跡象。如曰俛不主用兵[050]，則須知當時不主用兵者，非止俛一人。

（乙）陳氏所擬之「李黨」

鄭覃　舊族，非進士，會昌初，德裕薦為相，不就。

陳夷行　進士，非舊族，開成二年初次入相，非德裕所引。

李紳　舊族及進士。

李回　舊族及進士，初因德裕貶官，後復起用。

李讓夷　進士，非舊族，宣宗治德裕黨，並未波及[051]，且

「李珏奏曰：臣聞憲宗為詩，格合前古，當時輕薄之徒，摘章繪句，聱牙崛奇，譏諷時事，遘後鼓扇名聲，謂之元和體，實非聖意好尚如此。今陛下更置詩學士，臣深慮輕薄小人競為嘲詠之詞，屬意於雲山草木，亦不謂之開成體乎，玷黷皇化，實非小事」。（《語林》卷二）陳氏於「譏諷時事」句注云：「此指玉川子〈月蝕〉詩之類。」（《元白詩箋證稿》323頁）未免求之迂避。元和體以元、白為首，不唯元、白二公所自認，亦當時眾所認可；（同上320～323頁）元詩硬澀聱牙，陳氏固曾揭出，(同上119頁) 譏諷時事之多，又莫如居易，詩學士果置，定占一席，珏言意在沛公，了然可見，何因而特指盧仝？然元和體初無損於「元和」，陳顧以「開成體」轉移文宗之意，其阻白之用心良苦矣。余嘗揭出牛黨柄國時不能用白，得此正相互印證，而陳氏偏為牛黨出脫，且造成白為牛黨之冤。大抵險詐之徒易為工，鯁直之士反受謗，此為封建時代之是非常顛倒也。

[050]　《述論稿》100頁。
[051]　以讓夷為德裕黨，本於《通鑑考異》卷22，其長慶三年李逢吉結王守澄條云：「李讓夷乃李德裕之黨，惡逢吉，欲重其罪。」又四年八關十六子條云：「此皆出於李讓夷《敬宗實錄》。」謂讓夷監修有曲筆也。然監修官常不操載筆之權，

牛李黨爭對國政的侵蝕

以司空出任淮南節度使。

李商隱　進士，非舊族。

王茂元　武將，非舊族，以上二人，萬不能列入「李黨」[052]。

劉柯　進士，非舊族，由白居易薦入京應舉，曾撰《牛羊日曆》，但無「李黨」跡象[053]。

撰者為陳商、鄭亞，(《新書》卷58)司馬寧勿之知，司馬欲替逢吉開脫，硬指讓夷為德裕黨，太過牽強。

[052] 詳說見拙著《玉谿生年譜會箋平質‧導言》。(《史語所集刊》十五本)
[053] 尚有韋瓘一人，應附帶論及。《新書》162〈韋瓘傳〉：「正卿子瓘，字茂弘，及進士第，仕累中書舍人，與李德裕善，德裕任宰相，罕接士，唯瓘請往無間也。李宗閔惡之，德裕罷，貶為明州長史，會昌末，累遷楚州刺史，終桂管觀察使。」按韋瓘〈浯溪題名〉云：「太僕卿分司東都韋瓘，大中二年十二月七日過此。余大和中以中書舍人謫宦康州，逮今十六年，去冬罷楚州刺史，今年二月有桂林之命，才經數月，又蒙除替，行次靈川，聞改此官。」《容齋隨筆》八評《新傳》云：「以〈題名〉證之，乃自中書謫康州，又不終於桂，史之誤如此。瓘所稱十六年前，正當大和七年，是時德裕方在相位，八年十一月始罷，然則瓘之去國，果不知坐何事也。」余按大和七年二月德裕始入相，同年六月宗閔方罷相，瓘固可因宗閔而去，《新傳》謂貶在德裕罷相後，許有錯誤。洪邁之意，無非坐實瓘為德裕黨，故有此疑；然德裕柄國五年餘，瓘未內召，位不過刺史，擢桂管反在德裕失勢之後，改分司只因馬植報復舊恨(見莫休符《桂林風土記》)，瓘與德裕之關係，從可知矣。瓘以元和四年狀頭及第，榜下即除左拾遺(同前《風土記》及《唐才子傳》卷六)，行輩還先於德裕，《讀書後志》二竟謂瓘「李德裕門人，以此〈周秦行紀〉誣牛僧孺」，所謂拾人牙慧而不加深思者。劉開榮既引《全唐文》〈浯溪記〉之一節，反做出瓘為明州長史「必在會昌四年十一月以前、李宗閔還未敗的時候」(《唐代小說研究》舊版52頁)之無關痛癢的猜測，凡讀書不細看全文者，往往發生此弊。《唐宋傳奇集》將《桂林風土記》之韋瓘與《新書》一六二之韋瓘，分作兩人，(313～314頁)實一時失察，《新書‧韋瓘傳》末明言其官終桂管觀察，固與《桂林風土記》所敘無異。其次，《傳奇集》及《唐代小說研究》均不信〈周秦行紀〉為牛作(均同前引)，自有其片面理由，然另一方面〈周秦行紀論〉之作者，亦非毫無疑問；一般外集所收，往往摻入偽作，是常見之事，此論收入《李衛公外集》卷

047

第一章　廟堂動盪：權力的起伏與挑戰

　　牛黨多奸人，稍持正者即嫉之，故反對牛黨者可能是中立派，不一定是「李黨」，對於此，《述論稿》似乎分辨不清。上舉八人，唯李紳、李回與德裕關係較密切。其餘德裕柄政時曾見用者，若鄭亞、(四代進士，見《舊書》卷178)，崔嘏、(《元龜》卷644) 姚勗、(《新書》卷124) 崔鉉、白敏中、令狐，皆舊族及進士，李拭為舊族及制科；(《會要》卷76) 又趙蕃、(《摭言》) 劉濛 (《新書》卷149) 為進士，呂述為制科；(《會要》卷76) 薛元賞、元龜兄弟出身不詳，皆非舊族也。舊族進士何以變為新興階級，《述論稿》已不惜筆墨為其解釋，然舊族仍有如許進士歸入德裕領導，何竟默不一言。

　　質言之，從古史中尋求系統性，固現在讀史者之渴望，然其結果須由客觀歸納得來。中唐以後，除非從根本改革選舉法，否則任何人執政都不能撇除進士[054]，無論舊族、寒門，同爭取進士出身，寒門而新興，亦復崇尚門第，因之，沈氏「牛黨重科舉，李黨重門第」之原則，非但不適於二、三流角色，

四，尤可疑者，論云：「須以大牢少長咸置於法，則刑罰中而社稷安，無患於二百四十年後。」按自武德元年 (西元618年) 計至大中十一年 (西元857年) 才足二百四十年，德裕死已七年矣。人多為牛辨，對德裕事蹟卻未細加審察，故難免陷於一偏之見也。

[054]《述論稿》云：「宣宗朝政事事與武宗朝相反，進士科之好惡崇抑乃其一端」；(85頁) 按事多相反，則誠有之，然謂武宗朝抑進士，卻未盡然。武宗用相九人 (連崔珙)，進士居其六，宣宗用相十八人，進士居十六 (白敏中、盧商、崔元式、韋琮、馬植、周墀、崔鉉、魏扶、崔龜從、令狐綯、魏謩、裴休、崔慎由、蕭鄴、劉瑑、蔣伸。非進士者為鄭朗、夏侯孜)，不過九分之六與九分之八之差異。且武宗在位年數，不及宣宗之半，亦為比較時應注意者。

甚至最重要之黨魁，亦須列諸例外。所謂「原則」，已等於有名無實。如斯之「系統論」，實蒙馬虎皮而已。

（二）《通鑑》喪失公正立場——贊同僧孺放棄維州

柳詒徵又言「唐之牛僧孺、李德裕雖似兩黨之魁，然所爭者官位，所報者私怨，亦無政策可言，故雖號為黨而皆非政黨也」[055]；此說合乎牛黨，而不合於德裕。德裕非黨而有政策可言，其最要者曰復維州失地。

維州地區（今汶川西北），闢自劉蜀。隋開皇四年討叛羌，以其地屬會州，後又沒賊。武德七年，白狗羌首領內附，因地有姜維城，命名曰維州。乾元二年，被吐蕃攻陷[056]。德宗時，韋皋屢出兵攻之，不能克。大和五年九月，吐蕃所置吏悉怛謀盡，率其眾來降成都，德裕方節度西川，受其人及地；事下百官議，時僧孺執政，藉口棄信恐激吐蕃侵京師[057]，於是詔將維

---

[055] 見所著《中國文化史》。（《學衡》）
[056] 此據《元和志》卷32。《文饒集》卷18則稱河、隴盡沒，唯維州獨存，二十年後，始被侵陷。《通鑑》卷223又記於廣德元年之下，不審其據，此後《通鑑》卷226又於大曆十四年末記李晟等復維州，但無再陷之年，故不取。
[057] 杜牧撰〈僧孺墓誌〉云：「大和五年，西戎再遣大臣贊普寶玉來朝，禮倍前時，盡罷東向守兵。李太尉德裕時殿劍南西川，上言：維州降，今若使生羌三千人燒十三橋，搗戎腹心，可洗久恥，是韋皋二十年至死恨不能致。事下尚書省百官聚議，皆如劍南奏，公獨曰：西戎四面各萬里，來責曰，何事失信？養馬蔚如川，上涼阪，萬騎綴回中，怒氣直辭，不三日至咸陽橋；西南遠數千里，雖百維州，此時安可用。棄誠信有利無害，匹夫不忍為，況天子以誠信見責於夷狄，且有大患。上曰，然，遂罷維州議。」（《樊川集》卷七）《元和志》卷三提

第一章　廟堂動盪：權力的起伏與挑戰

州及諸降眾付與吐蕃，吐蕃悉誅之，「擲其嬰孩，承以槍槊」，（《文饒集》卷12）慘不忍聞。司馬光為自護其非[058]，乃拾僧孺餘唾，斷斷作義利之辨，其辭曰：

論者多疑維州之取捨，不能決牛、李之是非。臣以為昔荀吳圍鼓，鼓人或請以城叛。吳弗許，曰：「或以吾城叛，吾所甚惡也，人以城來，吾獨何好焉，吾不可以欲城而邇奸。」使鼓人殺叛者而繕守備。是時，唐新與吐蕃修好，而納其維州，以利言之，則維州小而信大，以害言之，則維州緩而關中急，然則為唐計者宜何先乎？悉怛謀在唐則為向化，在吐蕃不免為叛臣，其受誅也，又何矜焉。且德裕所言者，利也，僧孺所言者，義也，匹夫徇利而忘義，猶恥之，況天子乎。譬如鄰人有牛，逸而入於家，或勸其兄歸之，或勸其弟攘之，勸歸者曰：「攘之，不義也，且致訟。」勸攘者曰：「彼嘗攘吾羊矣，何義之拘？牛，大畜也，鬻之可以富家。」以是觀之，牛、李之是非，端可見矣。（《通鑑》卷247）

僧孺之說，王夫之已詳予駁正[059]。然司馬之說，迄今未得

及，蔚茹水在百泉縣西，一名葫蘆河，源出原州西南頹沙山下（百泉縣在今平涼縣北十里）。回中宮在今隴縣。
[058]　胡三省《通鑑注》云：「元祐之初，棄米脂等四寨以與西夏，蓋當時國論大指如此。」胡為司馬忠臣，故不直斥而微辭以諷也。
[059]　《讀通鑑論》卷26：「其所謂誠信者亦匹夫之諒而已矣。……夫吐蕃自憲宗以後，非復昔時之吐蕃久矣。元和十四年，率十五萬眾圍鹽州，刺史李文悅拒守而不能下，杜叔良以二千五百人擊之，大敗而退；其明年，復寇涇州，李光顏鼓勵神策一軍往救，懼而速退。長慶元年，特遣論訥羅以來求盟，非慕義也，……其南，則南詔方與為難，而碉門、黎、雅之間，乃其扼要之墟，得之以制其咽

史家注意。其言有害於世道人心,不可不深辨也。維州本我失地,我納其自拔來投,於「義」何害,不通者一。自隴右迄安西、北庭,天寶後都被吐蕃侵據,維州自拔來歸,譬之鄰家從前盜我牛羊數十,現在一羊逃回;司馬乃以比鄰牛逸入,直是數典忘祖,不通者二。維州降人三百餘,其父、祖應屬唐籍,今竟執送吐蕃,任彼慘戮,令人髮指;司馬乃謂死無足矜,蔑視同胞,靡分敵我,不通者三。吐蕃四盟,而有平涼之劫(貞元三年),尤為唐恥;況維州自拔前一年,彼已先失信圍攻魯州,(《文饒集》卷12)以此言「信」,何異宋襄不禽二毛,不通者四。司馬謂關中急而維州緩,乍似有理,但吐蕃陷維州後,「得併力於西邊,更無虞於南路」;(《文饒集》卷12及《舊書》卷147)我收維州,作用與謀通南詔相同,正是釜底抽薪,圍魏救趙。不收維州,則劍南節度所押西山八國蕃落,都將被阻隔,藩籬盡失,不通者五。大中三年,正牛黨執政時期,距大和五年僅十八年,距德裕追論維州事僅六年,吐蕃國勢,當無大更變,而是年秦、原、安樂三州及石門等七關之來歸,即詔令劍南、山南對陷蕃州縣,量力收復,隨有西川杜悰報收維州,山南西鄭涯報收扶州,(《通鑑》卷248)相去無幾時,何以彼則「信大」,此則可「徇利而忘義」?於彼為「維州緩而關中急」,於此則遽非如此?其為挾持私見,百辭莫辨,不通者

吭,則潰敗臣服,不勞而奏功。……夫僧孺,豈果崇信以服遠,審勢以圖寧乎?事成於德裕而欲敗之耳。」

第一章　廟堂動盪：權力的起伏與挑戰

六[060]。大中復收維州,「亦不因兵刃,乃人情所歸」,(《舊書》卷147)扶州想亦相同；僧孺所言蕃兵三日至咸陽,無非長他人意氣,滅自己威風。假其為實,則邊防已十分脆弱,尤非放棄維州,便可了事,何未聞僧孺建言修繕守備,如德裕所為？(德裕立五尺五寸之度,汰去蜀兵羸弱四千四百餘人,又以蜀作兵器不堪用,取工別道以治之,此兩事見《通鑑》卷244,即敘在悉怛謀來歸之前)不通者七。唯僧孺「與德裕不協,遽勒還其城」,(《舊書》卷147)以私害公,故德裕惡之,非私怨也,而《通鑑》偏書曰「德裕由是怨僧孺益深」,對於公私之判別,模糊至極。

此外回鶻之役,僧孺於兩次會議,所言皆空洞不切實際[061],而回鶻、澤潞之平,則德裕為首功,其餘備南詔、廢佛寺、除淫祠、拒織綾,均處置得當,德裕與牛黨之比較,孫甫所評[062],最為公允。柳以「所報者私怨,亦無政策可言」之批評,混加於德裕,總是人云亦云。若德裕真挾黨派私怨,何為救楊嗣復、李珏？(見《通鑑考異》卷21引《獻替記》)何為請

---

[060] 明胡廣謂司馬直牛曲李,其意蓋有所為,宋神宗喜論兵,欲假此以抑要功生事之人云云；(《明文衡》卷55)則不如胡三省注之深中隱微。維州來歸,非弄兵之例,且何以對大中事又不貫徹其主張耶？

[061] 參看拙著《會昌伐叛集編證》186～187及190～191頁。

[062] 《唐史論斷》下云:「德裕未相,在穆宗、昭湣朝論事忠直,有補於時,所歷方鎮,大著功效；……宗閔未相,絕無功效著聞,任侍郎日,結女學士宋若憲、知樞密楊承和求作相,以此得之；……此德裕之賢,與宗閔不侔矣。」

給宗閔一郡[063]？陳氏以為牛黨反對用兵[064]，仍屬皮毛之論；杜牧獻策平澤潞，(《通鑑》卷247)杜悰再收維州，白敏中出征党項，都是最好之反證。

《通鑑》對德裕持極端反對態度，除摭拾細故之外[065]，更著力表現其對付權奸之口誅筆伐[066]，恍若武宗唯任德裕播弄者。唯惡德裕，故對於險譎貪汙，舊、新《書》均直敘不諱之牛黨李逢吉，更不惜顛倒黑白，力為辯護[067]。唯袒牛黨，故

[063] 《考異》卷22云：「《獻替記》曰：四月十九日，上言東都李宗閔比與從諫交通，今澤潞事如何？可別與一官，不要令在京師。德裕曰：臣等續商量。上又云：不可與方鎮，只與一遠郡。德裕又奏云：須與一郡。此蓋德裕自以宿憾，因劉稹事害宗閔，畏人譏議，故於《獻替記》載此語以隱其跡耳；今從《實錄》。」按當時宰相不止德裕，如作誑言，寧不畏同官揭發？何況湖州乃杜牧屢求而後得之美缺（見拙著《伐叛集編證・自序》112頁），德裕如力擠宗閔，何不與一遠郡？此所謂《實錄》乃宋敏求補本，未必毫無偏差，司馬挾持成見，故不能作平心準理之言。

[064] 《述論稿》97頁。

[065] 開成五年十一月云：「仇士良請以開府蔭其子為千牛，給事中李中敏判曰：開府階誠宜蔭子，謁者監何由有兒？士良慚恚，李德裕亦以中敏為楊嗣復之黨，惡之，出為婺州刺史。」按《新書》卷118〈中敏傳〉：「士良慚恚，餘是復棄官去，開成末為婺、杭二州刺史。」未涉及德裕，且其事在開成末之前，是否在武宗即位後，亦屬可疑，《通鑑》不審其據。復次，《唐闕史》上稱，咸通初年吏部侍郎鄭薰判曰：「正議大夫誠宜蔭子，內謁者監不合有男。」詞意相類，高力士娶妻、魚朝恩蔭子，此種惡例，不始士良，亦許是誤傳也，至如柳公權只以書名，白居易懸車已屆，《通鑑》猶認為德裕阻抑（會昌二年），都於大局無關。

[066] 如「先是漢水溢，壞襄州民居，故李德裕以為僧孺罪而廢之」（會昌元年）；「李德裕復下詔，稱逆賊王涯、賈等已就昭義誅其子孫，宣告中外」（會昌四年）；又「李德裕以柳仲郢為京兆尹」（會昌五年），都屬此例。

[067] 如長慶四年八關十六子，《考異》云：「按宰相之門，何嘗無特所親愛之士，數蒙引接，詢訪得失，否臧人物，其間忠邪溷殽，固亦多矣。其疏遠不得志者，則從而怨疾之，巧立名目，以相譏誚，此乃古今常態，非獨逢吉之門有八關、

第一章　廟堂動盪：權力的起伏與挑戰

進一步愛屋及烏，譽瀕於崩潰之宣宗為「小太宗」（本自《金華子》），稱其「明察沉斷」；（《通鑑》卷249）即號稱《通鑑》忠臣之胡三省，亦覺忍無可忍，於其下注云：「衛嗣君之聰察，不足以延衛，唐宣宗之聰察，不足以延唐。」又於同書卷248大中元年恢復佛寺之節注云：「觀《通鑑》所書，則會昌、大中之是非可見矣。」反脣相稽，語婉而諷。昔太宗評隋文，譏其「性至察而心不明」，宣宗何得比太宗？宋祁謂宣以察為明而唐衰，（《新書》卷八）見識遠出司馬之上。

德裕攘外安內，政績彰彰，史家衡量人物，應採其長處，寬其短處。《通鑑》在憲、穆、敬、文、武、宣各紀，夾雜著許多私見，對德裕不僅毫無表彰[068]，且偏採反對派之意見，吹毛求疵，為非分之苛責；牛黨諸人毫無建樹，朋比濟貪，卻多方替之掩飾，直是喪失史家之公正立場，迥異於「鑑戒」之本義。余嘗抉其隱，以為德裕敢作敢為，深得武宗信用，略類安

十六子也。《舊逢吉傳》以為有求於逢吉者，必先經此八人納賂，無不如意，亦恐未必然；但逢吉之門，險詖者為多耳。」既無別項反證，何必「考異」？且既認險詖者多，何由決其未必納賂？又寶曆元年，李絳請除昭義帥，李逢吉、王守澄不用其謀，《考異》云：「《實錄》，從諫以金幣賂當權者；《舊從諫傳》曰：李逢吉、王守澄受其賂，曲為奏請；事有無難明，今不取。」拋棄舊有書證而欲以空言洗刷，其為存心袒護，如見肺肝。《通鑑》所書賄賂公行事件，計亦不少，除破案外，誰復證之？是皆可以「查無實據」抹去矣，此條不啻打自己嘴巴。

[068]　敬宗即位年之九月，詔浙西織綾一千匹，德裕拒不奉詔，其事遂罷；（《舊書》卷17上）比之牛黨李漢諫沈香亭子，其有益於人民者更多，兩件事發生在同月，而《通鑑》卷243竟採彼遺此，謂非有偏牛之見，直無可解說。

牛李黨爭對國政的侵蝕

石,司馬光痛惡安石,因而惡及德裕,不惜倒行逆施,同情於險譎之逢吉。簡言之,懷挾著滿胸私見,其為信史也幾希矣。

至於德裕被貶,顯因宣宗深恨武宗,唯其察而不明,故惑於黨人無君之譖,孫甫、張采田之解釋,最得其實[069]。此後興吳湘之獄,更是小人無聊之構陷,湘自有應得之罪[070],檢閱《舊紀》卷18下,便自明白。大中五年末准由崖州歸葬,咸通二年再敕復太子少保、衛國公,贈左僕射[071],宣、懿兩朝亦稍覺自坏長城之失計矣[072]。《舊書·李德裕傳》末云:「史臣曰:臣總角時,亟聞耆德言衛公故事,是時天子神武,明於聽斷,

---

[069] 《唐史論斷》下云:「宣宗久不得位,又不為武宗所禮,舊怨已深,德裕是用事大臣,自不容矣。」又《玉谿生年譜會箋》卷三云:「案衛公之貶,雖由於黨人,實則宣宗以嘗不見禮於武宗,遷怒及之,恐其不利於己耳。〈貶崖州制〉曰:李德裕當會昌之際,極公臺之榮,騁諛佞而得君,遂恣橫而持政,動多詭異之謀,潛懷僭越之志,計有逾於指鹿,罪實見其欺天。則當時黨人必有以衛公無君之說讒於宣宗者,不然,安得有此言?」

[070] 湘受贓有據,見《舊本紀》大中二年覆審之狀,狀稱:「節度使李紳追湘下獄,計贓處死,具獄奏聞。朝廷疑其冤,差御史崔元藻往揚州按問,據湘雖有取受,罪不至死。」可見湘受贓是實,只是數量方面有出入,考《唐律疏議》卷11,「諸監臨主司受財而枉法者,⋯⋯十五匹絞。」今大中覆判,竟未舉出湘受財多少以證其罪不至死,顯係有意出脫,構陷德裕之罪名。然主判者李紳,最多不過錯在失入,更非德裕直接負責也。涉湘事,《雲溪友議》卷一及卷三各有記載,可參看。

[071] 據《東觀奏記》中及前引德裕〈劉氏志〉。

[072] 《述論稿》又謂,德裕入相,由仇士良派援引;(120頁)然崔鉉入相,宰相、樞密皆不之知(同上頁引),豈武宗用德裕必藉宦官推薦乎?且會昌三年六月,士良已以因嫉惡而遭譴退,四年六月復遭籍沒,假使德裕由士良進,寧能絲毫不受影響乎?武宗任德裕五年餘,言聽計從,必為平日對其人已有深刻了解,故能如此契合,斷非偶憑宦官推轂,可以獲致;陳氏亦唯求令史料湊成其意想中之「系統論」而已。

公亦以身犯難，酬特達之遇，言行計從，功成事遂，君臣之分，千載一時，觀其禁掖彌綸，巖廊啟奏，料敵致勝，襟靈獨斷，如由基命中，罔有虛發，實奇才也。……所可議者不能釋憾解仇，以德報怨……」所讚許並無溢美，然除惡唯恐不盡，如必責德裕「以德報怨」，則是薰蕕雜處，非深於治道者所當出此論也。

（三）吉甫何以受謗

元和前半葉僧孺、宗閔無與吉甫對抗立黨之可能，已於 41 頁注 110 辨明。唯是，元和三年賢良對策案之真相，迄今猶未被揭露，因此，史家對於牛黨之評論，往往不得其平，故不可不於此處亟作補充，免時人再生誤會。考吉甫相憲宗凡兩次：第一次，二年正月以中書舍人入相，三年九月出為淮南節度。第二次，六年正月自淮南入，至九年十月卒於位。當三年初策試賢良時，僧孺、皇甫湜及宗閔皆條對甚直，有人泣訴上前；泣訴者何人？舊有兩說：一曰吉甫，如《舊書》卷176〈李宗閔傳〉及卷169〈王涯傳〉，是也。一曰權幸或貴幸，如《舊書》卷14〈本紀〉、卷148〈裴垍傳〉及《會要》卷76，是也。於是主試及覆閱官楊於陵、韋貫之、裴垍、王涯輩均貶降。此疑案最關鍵之處，在牛、李二人之策文，如果確是攻擊吉甫失政，則此等文章正為牛黨後來宣傳之極好史料，黨人尤應大事

宣揚，何以都不見於晚唐書說？此點最是疑問。若就當年宰相而論，鄭先入中書，資歷老於吉甫，如果是概括攻擊時任宰相，則負責者尚有武元衡二人，何以偏吉甫獨自泣訴？而且，吉甫流落江淮，逾十五年，永貞之末，始自峽州饒刺入為中書舍人，作相至此，僅一年有二月，非根深蒂固之權貴，何至要脅貶三、四大臣？更何敢一再要脅？（貫之及涯均在道再貶）余嘗查閱湜之策文，其文有云：「今宰相之進見亦有數，侍從之臣，皆失其職。……夫褻狎虧殘之微，褊險之徒，皁隸之職，豈可使之掌王命，握兵柄，內膺腹心之寄，外當耳目之任乎。」（《皇甫持正集》卷三）純是集矢宦官，於宰相無深責。余乃悟，牛、李（宗閔）新進氣盛，牛又由韋執誼而登第（見李珏〈僧孺碑〉及杜牧〈僧孺志〉），承王叔文派之風氣，策文所指斥，應與皇甫同途。湜官不過郎中，比較無所畏忌，故其對策得與劉同傳。牛、李（宗閔）後來身居宰輔，投鼠忌器，唯恐內官舊事重提，不安於位；又以早年對策，喧騰一時，遂計為接木移花，以轉人視聽，吉甫泣訴之讕說，夫於此時應時產生，《憲宗實錄》受牛黨重視[073]，此其一因也。《舊書》〈吉甫傳〉云：「先是，制策試直言極諫科，其中有譏刺時政，忤犯

---

[073] 拙著《伐叛集編證》110～111頁。《舊書》卷18上又言：「時李德裕先請不遷憲宗廟，為議者沮之，復恐或書其不善之事，故復請改撰《實錄》。」按《會昌一品集》係德裕生時自編，其卷十首載〈請為不遷廟狀〉，是此事德裕並不自諱，且其事發生在武宗朝，與《憲宗實錄》無關。若謂恐書其不善之事，則彼元和末始登朝，事蹟甚少，何不並請改修穆、敬、文三朝《實錄》？合觀兩事，可見牛黨對德裕之深文周納。

第一章 廟堂動盪：權力的起伏與挑戰

權幸者，因此（裴）均黨揚言，皆執政教指，冀以搖動吉甫；賴諫官李約、獨孤郁、李正辭、蕭俛密疏奏陳，帝意乃解。」則吉甫不僅未泣訴，且犯教唆之嫌，與《舊李宗閔傳》恰恰極端矛盾，余信其近於事實。《通鑑考異》卷19乃云：「裴均等雖欲為讒，若云執政自教指舉人訨時政之失，豈近人情耶？吉甫自以誣構鄭、貶斥裴垍等，蓋憲宗察見其情而疏薄之，故出鎮淮南。及子德裕秉政，掩先人之惡，改定《實錄》，故有此說耳。」按湜之策文，斑斑可考，曾弗之察，指斥時政者猶云指斥宦官，與「倖」字常指小臣相合，宰相教舉子訨譏閹寺，安見不近人情？元和元年，宰相鄭餘慶由主書滑渙勾結樞密使劉光琦，偶然怒叱之，不久便罷，光琦即湜所謂「掌王命」者；又吉甫官中書舍人時，揭發渙之罪惡，籍沒家財，至數千萬（《舊吉甫傳》，又《舊書》卷158〈餘慶傳〉及《通鑑》卷237），此皆時政大可指斥之處。司馬不詳審當日政局，求書傳所由異同之故而遽行臆斷，一失也。憲宗如察吉甫構陷而疏薄之，而使出外鎮，則從前被貶者似應同奉召回，查考史乘，並非如是，二失也。淮南為當日唐家第一個節鎮，正舊官僚欲求不得之美缺，杜佑深受德宗倚畀，故連任十餘年，以云「疏薄」，則渴求「疏薄」者大不乏人，何愛於吉甫而以相授，而親臨通化門餞行，三失也。《憲宗實錄》爭論之焦點，在於掩蓋當年攻擊宦官一事，司馬乃聽信謊言，以為德裕掩先人之惡，

四失也。如謂《舊書‧吉甫傳》採自《憲宗實錄》,則大中二年十一月所頒,說是路隨舊本,(《舊書》卷18下)於時德裕已遠竄南服,豈尚能由彼改定[074]?況李約等四人皆知名之士,未易妄捏,牛黨無法完全淹滅證據,遂有德裕改定《實錄》之讕言以混耳目,司馬信之,五失也。總而言之,排擊宦官之案,吉甫尚同具有嫌疑,有不能挽救之嫌,卻斷非落井下石者。竊謂當日憲宗蓄意用兵,餉需是急,王鍔入朝,又被彈劾,吉甫之出,君臣間許有默契,故兩年後即復召為相[075]。司馬光之批評,完全不考量時間、地點及條件,所謂唯心之論也[076]。

吉甫初相,《通鑑》許為「得人」(元和二年),則無偏黨可知。及其再相,《通鑑》純持敵視態度,元和五年十一月裴垍以

---

[074] 《新唐書糾謬》謂德裕秉政日嘗重修《憲宗實錄》,故吉甫美惡皆不實,亦無非蜀犬吠日之談。《舊書》卷159〈路隨傳〉載文宗時詔曰:「其《實錄》中所書德宗、順宗朝禁中事,尋訪根柢,蓋起謬傳,諒非信史,宜令史官詳正刊去,其他不要更修。」陳氏謂「《順宗實錄》中最為宦官所不滿者當是述永貞內禪一節」。(《元白詩箋證稿》236頁)吾人可依此推定,《憲宗實錄》中為宦官所注意者,亦是永貞內禪及憲宗被弒二事,故反對修改,牛黨固明悉內幕者,即不聲討宦官,反借箭以傷德裕,則其作惡比宦官為尤甚。千年後讀史者猶昧昧隨聲,吾不惜嘵嘵,非為德裕父子悲,而深慨正義之不得伸也。

[075] 元和十二年,太常定吉甫諡曰敬憲,張仲方非之,憲宗怒,貶為遂州司馬,特賜諡曰忠;(《舊書》卷15)此可反映憲宗對吉甫之信任,寧能尚謂仲方為吉甫所排擠耶?《通鑑》卷238記:元和五年,李絳嘗諫聚財,憲宗曰:「今兩河數十州皆國家政令所不及,河湟數千里淪於左衽,朕日夜思雪祖宗之恥,而財力不贍,故不得不蓄聚耳。」聚財莫要於淮南,吾人不能把吉甫出守看作尋常之遷調轉。

[076] 《述論稿》云:「吉甫為人固有可議之處,而牛李詆斥太甚,吉甫亦報復過酷,此所以釀成士大夫黨派競爭數十年不止也。」(102頁)所謂「詆斥太甚」,不知憑何知之?

第一章　廟堂動盪：權力的起伏與挑戰

風病罷相為兵部尚書，時吉甫尚在淮南。六年，垍因不任朝請，再改太子賓客，不久便卒，(《舊書》卷148)而《通鑑》以為吉甫惡之，司馬竟未讀〈垍傳〉也[077]！此外更多採牛黨之言[078]，不加抉擇，甚至語雜揶揄[079]，完全失去史家風範，然

---

[077] 《語林》卷六稱：吉甫再入相，「論征元濟時饋運使皆不得其人，數日，罷光德為太子賓客，主饋運者裴之所除也。」按垍居光德坊，然是時征王承宗，非征吳元濟，垍實因病危而改賓客，已見正文，可見唐末記事多誣辭。

[078] 如元義方為京兆尹事，採自《李相國論事集》，(《述論稿》99頁)《述論稿》云：「其書專詆李吉甫，固出於牛黨之手。」(81頁)又考《論事集》卷二稱，憲宗對李絳言，彼曾與鄭議救從史歸上黨，續徵入朝，詎泄之於從史，從史便稱上黨乏糧，就食山東；鄭洩漏之事，係據吉甫密奏云云。此即所謂「誣構鄭」之據，其事《新鄭傳》曾採之。《通鑑考異》卷19云：「按三年九月戊戌，李吉甫罷相出鎮揚州，四年二月丁卯，鄭罷相，三月乙酉，王士真卒，承宗始襲位，四月壬辰，從史起復，若以從史山東就糧有詔歸潞，則於是吉甫，皆已罷相，何得有譖之事？……若其討承宗時，朝廷不違其請，何嘗使之旋師？蓋鄭、李未罷之前，從史嘗毀鄰道，乞加征討，因擅引兵出山東，……但不知事在何年月日，……今因李絳論李錡家財事並言之。《新書》(《傳》)云，從史與承宗連和，有詔歸潞，誤也。」《通鑑》因以意將吉甫譖事附於二年十一月，換言之，即深信《論事集》所言不虛。《新唐書糾謬》二則力證新鄭、李絳兩傳之誤，所提時間性理由雖與《考異》略同，但云：「此蓋李絳之門生故吏撰集絳事者，務多書其事以為絳之美，然皆參錯不實。」換言之，即指出《論事集》之不信。按《論事集》由牛黨造以詆吉甫，所言自有「參錯不實」，必欲求其與真實時間相合，未免強作解人。《考異》又引〈貶從史制〉辭云：「況頃年上請，就食山東，及遣旋師，不時恭命。」司馬氏即執「旋師」兩字，以為即許其進討承宗，無命其旋師之理，此制出自朝廷之口，與《論事集》之誣詆不同。吾人如無法說明其中曲折，便難解惑。考《白氏長慶集》卷39〈與昭義軍將士詔〉中有一段提及陳從史罪狀，其辭云：「近又苟求起復，請討恆州，與賊通謀，為國生患，自領士馬，久屯行營。」(元和五年夏作)據我所了解，久屯行營即是就食山東，確在請討恆州之後。彼之東出，略類中和二年孟方立徙昭義軍於邢，朝命其「旋師」，實促彼還治上黨，非謂不必進討承宗，措辭稍含胡，故使人誤會。合於此解，則所謂吉甫譖，益為無根之說，而《新傳》之記事，實本《白集》，司馬氏偎詆《新傳》為誤，可見其疏於考察而恣意臆斷也。

[079] 如「吉甫至中書，臥不視事，長吁而已。……吉甫失色，退而抑首，不言笑竟日」。(元和七年)此類事誰復記憶及之？

始終未曾指出其樹植黨羽，故可斷言吉甫之無黨[080]。

　　大致而言，唐末文人經過八司馬之貶、甘露門之變，已逐漸喪失對抗宦官之勇氣，責宦官不得者遂移而責宰相，乃宗閔以兒女私情，深恨德裕，更進而波及其先人。另一方面宦官欲奪取立憲宗之功，消滅弒憲宗之跡，會昌元年之敕令重修《實錄》，似意在撥正其罪（此可由武宗之裁抑宦寺見之），因於彼輩所不便，故誣德裕歸功私門、暗施反抗，牛黨恨李，又從而附和之。由是雙方夾攻，吉甫父子乃受謗益重，所謂「李黨」，不外如是。僧孺等少數人狠狠為奸，說不上階級鬥爭也。

---

[080] 或引憲宗對李絳稱，「向外人言朋黨頗甚，如何？」（《論事集》卷五）以為元和前半期早有朋黨存在，余則謂此乃宦官對憲宗之蠱說也。憲宗雖入宦官之譖，深惡八司馬，然宦官猶恐其死灰復然，並防皇甫湜一流復繼起奮鬥，故造為朋黨之說以淆主君之視聽，目的在隔絕外廷建言得入而已。

第一章　廟堂動盪：權力的起伏與挑戰

第二章

藩鎮風雲：地方割據與中央危機

第二章　藩鎮風雲：地方割據與中央危機

　　複雜邊區，應慎選忠誠愛國之士，為之監護，而玄宗老年昏瞶，寵溺豔妻，信任黠胡。安祿山之亂遂起於此。投降之將而升受節鉞，固益起割據之野心，殺其主將而即予留後，更昭示威信掃地。顧唐廷外治方鎮，似捨此而外，別無良法，故藩鎮之禍愈演愈烈。

安史之亂爆發

安史之亂，近年史學界有種種看法，或以為是由對境內部落和種族實施軍事鎮壓和民族壓迫的政策所釀成，或以為唐統治階級內部的鬥爭，或認為此次造反有無數農民參與[081]，其中亦已有人提出異議[082]。余嘗細思之，此一動亂實深關乎中外之大防，應先分清敵我，勿輕易作制式的論斷。

要辨析祿山謀反的動機，須先明瞭東北發展及其住民之歷史。周代燕國領地及於朝鮮，漢元帝以後乃逐漸收縮，然遼水以西之營、平、燕諸州，自漢至隋，皆漢人也。

隋文帝時，粟末靺鞨有厥稽部（突地稽）首領率數千人內附，處之柳城郡（營州）北，煬帝置其於遼西郡，(《通典》卷178）後改燕州[083]。開皇初又置玄州，處契丹李去間部落。(《舊書》卷39）入唐以後，增設尤多，如：

慎州　武德初置，處涑沫（即粟末）靺鞨烏素固部。

威州　武德二年置，處契丹內稽部。

崇州　武德五年置，處奚部。鮮州同上。

---

[081] 呂振羽《中國民族簡史》201頁，《歷史教學》1955年第三期26頁奚風撰文，又王拾遺《白居易研究》3頁等，並參注88。
[082] 1955年11月20日《光明日報》。
[083] 參《舊書》卷199下，〈靺鞨傳〉。

第二章 藩鎮風雲：地方割據與中央危機

昌州　貞觀二年置，領契丹松漠部。

師州　貞觀三年置，領室韋部。

瑞州　貞觀十年置，處突厥烏突汗達幹部。

帶州　貞觀十九年（《新書》作十年）置，處契丹乙失革部。

夷賓州　乾封中置，處靺鞨愁思嶺部。

歸義州　總章中置，以處新羅人，後廢，開元中復置，處契丹李詩部。（此條參《新書》卷 43 下）

黎州　載初二年置，處粟末靺鞨烏素固部。

沃州　載國中置，處契丹松漠部。

信州　萬歲通天元年置，處契丹乙失活部。

歸順州　開元四年置，處契丹松漠府彈汗州部。

凜州　天寶初置，處降胡。（以上均《舊書》卷 39）

其中又多向南移動，如突地稽部先遷幽州昌平，（《舊書》卷 199 下）其孫李秀又住范陽，（〈雲麾將軍碑〉）秀父謹行有家僮數千，以財力雄於邊塞。（同上《舊書》）

綜覽上述所列，可知東北在百餘年間，已招撫許多外族（契丹、奚、靺鞨、室韋、新羅、突厥、胡人等）入居，大有喧賓奪主之勢。此處原為照顧此等人，使其有家可歸，特闢地安頓，與開皇末之突厥情形相同，但其與久處邊疆、非最近遷入

安史之亂爆發

之弱小民族不同；既屬託庇，自應服從主人，若其詭謀弄兵、暗計奪國，直至侵略舉動，豈能視為敵對鬥爭？如果把安史之亂如此處理，則武德、貞觀間，突厥對唐朝的侵略，亦得以振振有辭矣，烏呼可。

對於如此複雜之邊區，應慎選忠誠愛國之幹才，為之監守，玄宗老年昏憒，溺寵豔妻，信任黠胡，遂啟狄人之貪婪，累生民陷於塗炭之境。《舊唐書》卷39云：「自燕以下十七州，皆東北蕃諸降胡散處幽州、營州界內，以州名羈縻之，無所役屬，安祿山之亂，一切驅之為寇，遂擾中原。」（參《寰宇記》卷71）其為被迫從亂，而非農民起義，事蹟甚明。正如桑原藏所指出，從祿山者孫孝哲、李懷仙等為契丹人，阿史那承慶、阿史那從禮為突厥人，安忠志、張孝忠為奚人，達奚珣為鮮卑人，苟讀李泌「今獨虜將或為之用，中國之人唯高尚等數人」（《通鑑》卷219）之語，則知賊軍之中堅，大半為外來異族[084]。再從官軍幹部方面分析，高仙芝、王思禮均高麗人；哥舒翰，突騎施人；與郭子儀齊名之李光弼，契丹人；渾唯明、渾釋之、僕固懷恩均鐵勒人；荔非元禮，西羌人；論唯明，吐蕃人；白孝德，龜茲人。上述人物均於安史之亂之際，在官軍中立下相當功績[085]。由此觀之，豈能簡單地制式地承認，此亂

---

[084] 《文哲季刊》五卷二號440頁〈隋唐時代西域人華化考〉。
[085] 同上441頁。

第二章 藩鎮風雲：地方割據與中央危機

為民族壓迫之後果耶？執意持此論，則是潰中外之藩籬而為敵作倀也。學者曾大致分析，農民絕不可能是這回主要參加造反的人，祿山所率領的兵馬，依《新書》本傳，養同羅、降奚、契丹曳落河八千人為假子，是最核心的隊伍，後來又併吞了阿布思的部落，故兵雄天下，主要是以畜牧為生的，不會全為漢人[086]。吾人試再看顏真卿輩振臂一呼，河北響應者十五郡，求諸公私史乘，並未見以農為本之國族，願意加入祿山行列之跡象，主張農民起義說者亦可以休矣。

論述至此，吾人可詳加審閱祿山之履歷。九姓胡於後漢為粟弋，北魏為粟特（Sogd），言語屬吐火羅語系，與月氏無關，唯五胡之羯，從其以石為姓及多鬚兩點觀之，可能屬於此一種，羯之語源未詳。俗呼其戰士曰柘羯或赭羯，但非必善戰之軍隊，吾人研究安史之亂，須先釐清此類誤會及成見[087]。

---

[086]　1955 年 11 月 20 日《光明日報》。
[087]　陳氏《述論稿》(29～35 頁) 對此，最少犯了三項錯誤：(1) 以九姓胡為月氏人。按此說首見《隋書》，而《新唐書》承用之，然九姓胡在西漢時實役屬康居，與南方之月氏個別為國，《隋書》所云，白鳥視為「全無證佐的空中樓閣之談」。(《塞外史地論文譯叢》二輯 421～422 頁) (2) 認「赭羯」為種族之名，原義不是「戰士」，按《西域記》卷一，颯秣建國，「兵馬強盛，多是赭羯，赭羯之人，其性勇烈，視死如歸，戰無前敵」，《新書》卷 222 下〈安國傳〉，「募勇健者為柘羯，柘羯猶中國言戰士也」。《通典》卷 197 亦有太宗招柘羯不至之記載（關於太宗事，他書有異文，此處不具論）。馬迦特（Marquart）《答沙畹問》，謂柘羯、赭羯皆波斯語之異譯，義猶奴僕、從屬，在粟特一帶訓作衛士；白鳥又以突厥語 Sagas 即戰士解之。(《東洋學報》一卷 332 頁) 巴爾托勒（Barthold）《中亞史》云：大食（阿拉伯帝國）作家閑說及君長之衛士，義猶奴僕。但從 Narsaxi 所記捕喝王后之朝廷觀之，顯見此種衛士，徒有其名，彼係以貴族青年子弟組成，須輪班入值於王廷，與歐洲武士子孫服事其王侯者無異。(10

安史之亂爆發

祿山胡父而突厥母，生於突厥，開元初逃來，為互市牙郎（即今之經銷），給事幽州。二十四年失律，幽州節度張守珪請誅之，可能由於武惠妃、高力士受其賄，為之緩頰（詳說見拙著《通鑑唐紀比事質疑》），倖免於戮。性狡黠，常厚賂往來，為之延譽。天寶元年，遂擢為平盧節度，初無赫赫之邊功也。越二年，遞升范陽節度使，交結內寵，請為楊貴妃養子。七載賜以鐵券，進封東平郡王。九載兼河北採訪使，聽於上谷鑄錢五鑪，十載入朝，求為河東節度使，又許之，權兼三道，陰作反計。國忠及太子屢奏祿山必反，玄宗不聽，反授以隴右群牧等都使，十年不調。十四載（西元 755 年）十一月，反於范陽，以討國忠為名。先三日，集大將觀繪圖，起燕至洛，山川險易攻守悉具；又下令，有阻軍者夷三族，可見其意圖反謀非一日。陳寅恪謂「安史叛亂之關鍵，實在將領之種族」[088]，未嘗

頁）依此言之，柘羯制度與我國貴族子弟之更番宿衛者相同，亦略類於初期府兵及蒙古時代之怯薛，陳氏謂「戰士」之解，由於宋祁誤會，則未知宋固有其根據也。若瓦德爾（Watters）言，颯秣於西北建有都會名為 Calak，其人壯碩而勇健，疑赭羯即其地之居民（同前引白鳥 23～24 頁）毗爾（Beal）疑為赤鄂衍那之人民，（《譯西域記》33 頁注 103）藤田豐八《西域篇》又以比擬塞種，均嫌佐證不足或發音不合。總之，善戰與否（就正義之戰立論），須以愛國思想及經常訓練等為先決條件，陳氏獨謂「安史之徒乃自成一系統最善戰之民族，在當日軍事上本來無與為敵」，則未免陷入唯心論，且更違祿山亦常敗衄之現實也。(3) 以石國或譯「柘支」、「赭時」，與柘羯、赭羯相混比。按前者是國名，後者是通名，不過譯音上有些類似（此是譯音常見之現象），其語源並不相同。

[088]《述論稿》34 頁。按章嶔論安史之亂有遠近四因：(1) 設立節鎮；(2) 重用蕃將為遠因；(3) 攻伐奚、契丹；(4) 溺惑嬖寵為近因。（《中華通史》下冊）呂思勉亦承認 (1)、(2) 兩條，並稱祿山發動叛變，係與國忠不和。（《白話本國

第二章　藩鎮風雲：地方割據與中央危機

非片面之理由；然封建時代將領稱兵以反抗其統治階級者，常多為同族之人，而當時異族派兵援唐者數卻不少（見下文），則亦未可一概論也。竊謂中亞胡族自古習於販貿，東來者多唯利是圖（可參看第三章〈安史亂中之回紇 —— 不與吐蕃合作〉，九姓胡屢屢生事），祿山本出身市儈，復加以玄宗不次超擢、寵任無間，遂欲效法王世充而作統治漢土之計。突厥可汗擊波斯、成吉思汗西征，均以中亞胡商為發動原因之一；更觀祿山

史》三冊）傅安華在其〈唐代安史之亂的發動與擴大〉一文中，以為 (1) 之說不外承襲《二十二史劄記》，(2) 之說本自《舊書‧林甫傳》，然多設節鎮與重用蕃將，均是適應某種需求而產生之制度或政策，並無引發事件之力量。運用此種制度或政策，可以有利，亦可以有弊，對於決定運用方向，需仰賴其他條件，所以 (1)、(2) 兩事，並不是引發安史之亂之原因。彼以為凡毗鄰之兩種民族，如果經濟發展相差極遠，則經濟條件較低者為物質享受所引誘，必向經濟較優者施行侵略及掠奪，此為祿山發動叛變之原因，其立說之根據有二：(甲) 祿山部屬是胡人集團（引姚汝能《安祿山事蹟》：「養同羅及降奚、契丹曳落河八千人為己子」，「唯與孔目官嚴莊、掌書記高尚、將軍孫孝哲、蕃將阿史那承慶、慶緒同謀」，「十四載五月……以蕃將三十九人代漢將」）。(乙) 當時中國之經濟條件，確實能引起胡人覬覦。又叛亂擴大原因亦有二：一、當日社會下層已釀成普遍不安，大暴動之機，已經成熟。二、兵制廢弛。(1935 年 10 月 4 日天津《大公報‧史地週刊》55 期) 概言之，傅說似比章、呂有進，根本因素在於玄宗對祿山過度信任，蕃將或非蕃將尚是次要因素。但又觀歐美資本主義之侵略，非經濟條件比較低。論中亞經濟，漢以前早鑄用金幣，彼中商人能轉運我國繒帛，赴西方牟大利，又《漢書‧西域傳》言：「大宛左右以蒲陶為酒，富人藏酒至萬餘石，久者至數十歲不敗。」胡族經濟條件是否較低，尤成疑問。至祿山起後，農民響應者史冊上幾等於零，響應者卻有九姓府六胡州諸胡及武威九姓商胡，(《通鑑》卷 218～219) 所謂大暴動之機，亦乏充足之信證。竊以為由唐廷言之，錯在邊防失調，過度信任祿山而招致其野心；由祿山言之，則是為當日中國經濟繁榮所引誘，如此說法，較為全面。若過度受祿山兵力所惑，只須看長安收復，主力靠回紇四千騎，及祿山窘急圖卻，此疑便可以解。《唐代小說研究》云：「安祿山是胡人，玄宗要藉他統治北方胡族區域，不惜以各種方法表示寵異，以圖結歡。」(舊版 100 頁) 即承陳氏之誤解，而且將玄宗看得過高。

安史之亂爆發

事起,阿史那從禮勸誘六胡州胡人數萬,擬寇朔方,武威九姓商胡安門物等人,合河西兵馬使共殺節度使周泌,武威大城中七小城,胡據其五,(《通鑑》卷218～219)事前則「潛於諸道商胡興販,每歲輸異方珍貨百萬數」,(《安祿山事蹟》上)又肅、代間曾官安南都護之商胡康謙被告謀逆,(《新書》卷225上)此種潛在勢力,吾人不應忽視。祿山既抱野心,其親信部屬熱中利祿,當然樂聽驅策,但以異族之故,漢將追隨者無多,(《新》卷139〈李泌傳〉)且承開元之盛,農民經濟尚屬優裕,非群眾所歸,所以死不旋踵而唐祚得延也。簡言之,大唐國內階級對立並不顯著,故無法引起農民起義;從另一方面來看,由於經濟尚屬繁榮,才激起祿山之野心(參注88引傅安華說),其情況恰可互相說明。

　　於時承平日久,民不知戰,六軍宿衛皆市人,不能受甲,高仙芝、封常清等師出均敗。十二月,陷東京,前鋒西至陝郡。玄宗使哥舒翰「為副元帥,領河、隴諸蕃部落奴剌、頡跌、朱邪、契苾、渾、蹛林、奚(垈)、沙陁、蓬子、處密、吐谷渾、思結等十三部落[089],督蕃、漢兵二十一萬八千人,鎮於潼關。」(《通鑑考異》引《安祿山事蹟》)十五年(即至德元)

---

[089] 部名只得十二,今《學海類編》本《安祿山事蹟》中卷作「二十三部落」,許是「十二」之倒衍。蹛林應是思結之別部,奚應是奚結(《學海》本正作奚結,唯訛為蹛),蓬子一名未詳。此外《學海》本尚訛契苾為契丹,思結為恩結,並校正於此。

第二章　藩鎮風雲：地方割據與中央危機

正月，祿山建國曰燕，改元聖武。六月，郭子儀、李光弼出土門路（井陘）攻常山（恆州），祿山窘急圖卻。同月，哥舒翰軍覆沒，潼關不守，玄宗幸蜀，至馬嵬驛，軍士鼓譟，殺國忠，縊貴妃，眾遮留太子亨（即肅宗），太子於是收兵靈武，長安遂陷。至德二年（西元757年）正月，祿山被其寵人殺之於東京，子慶緒繼。

慶緒懦弱，政不自主。唐遣僕固懷恩請援於回紇，是年八月，回紇以四千騎至。九月，廣平王俶（後改名豫，即代宗）領蕃、漢之眾收西京，戰屢勝。慶緒奔回鄴郡（相州），乾元元年（西元758年）九月，郭子儀等九節度之師合攻之，賊大潰，求救於史思明（時方駐范陽），子儀等九節度圍相州，數月未下。二年（西元759年）三月，思明引兵來援，子儀等大敗，解圍而南，思明入鄴，殺慶緒及其四弟；安氏起事，未足四年而滅。

思明亦突厥雜胡人，與祿山同為牙郎。天寶十一載，祿山奏授平盧節度都知兵馬使。（據《舊書》卷200上）十五載正月，受祿山命，攻拔顏杲卿所守之常山，郭、李軍自土門來，思明屢敗（據《事蹟》中，十五年六月八日，郭、李敗思明於嘉山），光弼進圍之於定州（博陵）。潼關失守，光弼解圍去，思明軍勢復振，河北悉陷。至德二年正月，思明進圍光弼於太原，時值祿山死，奉慶緒召歸范陽，寖與慶緒疏，十二月，遂

以范陽降。唐授為河北節度使,奈肅宗、光弼圖思明過急,未發而謀洩,明年(乾元元年)二月復叛。二年四月,自稱大燕皇帝,改元順天。九月,再陷洛陽。上元二年(西元761年)正月,又改元應天。二月大敗光弼等軍,進圍陝州。三月,為其子朝義所弒。寶應元年(西元762年)十月,雍王适(即德宗)會諸道節度及回紇兵馬於陝州,數路並進,朝義敗,走幽州。二年(西元763年,即廣德元年)正月,朝義部將李懷仙擒朝義於莫州,梟首送闕下;自思明僭號至朝義之滅,亦未足四年。

　　唐代處置安史之失策,先誤於光弼退兵。方光弼收常山,子儀取趙郡(趙州),進圍思明於博陵,於時饒陽(深)、河間(瀛)、景城(滄)、平原(德)、樂安(棣)、清河(貝)、博平(博)諸郡,猶能募兵自固,眾達二十萬(《事蹟》中稱,廣平等十五郡歸國),復有顏真卿輩連繫於其間(李萼說真卿力言清河之富),賊後空虛,乘勝而前,不難覆其巢穴;根據既失,賊勢自搖,所謂圍魏救趙之法也。計不出此,引軍遽退,既不能遠解西京之危,復使河北多郡陷於水火[090]。原夫郭、李初

---

[090]《舊書》卷200上:「肅宗理兵於朔方,使中官邢廷恩追朔方、河東兵馬,光弼入土門」;《新書》卷222上:「屬潼關潰,肅宗召朔方、河東兵,光弼引還」,敘事大致相似。按潼關陷在六月九日辛卯,肅宗則七月九日辛酉始至靈武(朔方),潼關潰時肅宗尚無權追召外兵,如果係肅宗在朔方追召,則其事應在七月。《通鑑》卷218只書光弼退兵於六月末,(參前引《事蹟》中)不言追召,當因《舊》、《新》兩書敘述不明之故。

第二章　藩鎮風雲：地方割據與中央危機

意，本主張北取范陽，固守潼關，後來竟不能堅持其說，李泌請肅宗先取范陽，亦不見納，(《新》卷139)此一失也。

用兵最要有統一之指揮，如各自為政，則軍隊愈多，潰敗愈易。九節度之師(朔方郭子儀，淮西魯炅，興平[091]李奐，滑濮許叔冀，鎮西、北庭李嗣業，鄭蔡季廣琛，河南崔光遠，河東李光弼，關內、澤潞王思禮)，因郭、李皆元勛，難相統屬，不置元帥，已現必敗之徵；又復使昧於軍旅、毫無功績之閹人魚朝恩為觀軍容宣慰處置使以率軍，更非敗不可。且當日九節度之師，號稱六十萬，轉餉者南自江淮，西自并、汾，勢以速戰為利，光弼主張分軍逼魏州，阻思明南下，期早日拔鄴，本是上策；奈被妄人朝恩所阻，使思明得覘官軍之弱點，以少破眾，此二失也。

思明入鄴，殺慶緒而奪其位，賊軍根本未固，(見《通鑑》卷221)使唐朝當時能收拾殘旅，專任大將，乘其未定，再行急擊(據《通鑑》，光弼、思禮全軍以歸)，未始不可雪喪師之恥。而乃任其從容整軍，致洛陽再陷，此三失也。

安史雖亂，唐代過去之聲威，猶未盡落，外方入援者除回紇外，尚有于闐(至德元年)、安西、北庭、拔汗那、南蠻、大食(至德二年)、吐火羅及西域九國(乾元初年)。回紇對唐，與突厥無異，僅貪財貨而非貪土地，誠能利用回紇兵力，對幽

---

[091]　興平節度使，至德元年置，領商、金、岐等四州。

州策亂地,掃穴犁庭,忍一朝之痛,仍可易百年之安,乃見不及此,此四失也。

討叛須揀忠誠之將,代宗竟毫無抉擇,便納宦官程元振、魚朝恩之言,而任僕固懷恩,發端已錯。及朝義授首,所餘李懷仙、田承嗣、薛嵩、張忠志輩,乘戰勝之威,本可更易,即日賞功,予以一州足矣;更不然則廢去節度之名。而乃一誤再誤,聽懷恩言(李抱玉、辛雲京已上言懷恩有貳心),各授大節(如懷仙授幽州節度使,承嗣擢魏、博、德、滄、瀛五州都防禦使),承嗣輩俱圖自固,修繕兵甲,署置官吏,戶版不籍於天府,稅賦不入於朝庭,河北三鎮不復唐有,此五失也。

總言之,肅、代昏昧,輔弼無謀,安、史雖死,而安史之亂卻未定,於是形成晚唐藩鎮之禍。

藩鎮勢力坐大

投降之將而升授節鉞,固益啟割據之野心,殺其主將而即予留後,更昭示威信掃地(乾元元年,平盧節度王玄志卒,裨將李懷玉殺其子而擁立侯希逸,唐因以希逸為節度。軍士廢立節度由此始)。顧唐廷外治方鎮,似捨此而外,別無良法,故其禍愈演愈烈。茲略表其割據經過如下表:

第二章 藩鎮風雲：地方割據與中央危機

幽州。（范陽）領幽、涿、營、瀛、莫、平、薊、媯、檀九州。	李懷仙	祿山部將，大曆三年，為部下朱希彩所殺。
	朱希彩	七年，為部下所殺。
	朱泚	軍人擁立，九年入朝，留京師。
	朱滔	泚弟，九年授，建中三年，自稱大冀王，四年去號，貞元元年卒。
	劉怦	軍士擁立，同年卒。
	劉濟	怦子，軍士請立，元和五年為其子總所鴆。
	劉總	自領軍務，長慶元年，以八州歸朝（八州有異說）。
	張弘靖	
	朱克融	滔孫，長慶元年逐弘靖，寶曆二年，為本軍所殺。
	朱延嗣	克融子，軍士擁立，被部下李載義所殺。
	李載義	大和五年，為部下楊志誠所逐。
	楊志誠	八年為部下所逐。
	史元忠	會昌元年，為部下陳行泰所殺。
	陳行泰	同年為部下張絳所殺。
	張絳	同年為本軍所逐。
	張仲武	大中三年卒。
	張直方	仲武子，旋奔京師。
	周綝	軍士擁立，四年卒。

	張允伸	軍士擁立,咸通十三年卒。
	張簡會	允伸子,旋出奔。
	張公素	乾符二年,為李茂勳所逐。
	李茂勳	乾符三年致仕,以子可舉為留後。
	李可舉	光啟元年,為部下李全忠所攻,自焚死。
	李全忠	二年卒。
	李匡威	全忠子。
	李匡籌	匡威弟,景福二年,拒其兄而自立,乾寧元年為李克用所破。
	劉仁恭	克用所授。
成德。初領恆、定、易、趙、深、冀六州,後削易、定。	李寶臣	原名張忠志,祿山部下,建中二年卒。
	李唯岳	寶臣子,三年為部下王武俊所殺。
	王武俊	稱趙王,興元元年去號,貞元十七年卒。
	王士真	武俊子,元和四年卒。
	王承宗	士真子,元和十五年卒,弟承元歸朝。
	田弘正	
	王廷湊	長慶元年殺田弘正,大和八年卒。
	王元逵	廷湊子,大中十一年卒。
	王紹鼎	元逵子,旋卒。
	王紹懿	紹鼎弟,咸通七年卒。

第二章 藩鎮風雲：地方割據與中央危機

	王景崇	紹鼎子，中和二年卒。
	王鎔	景崇子。
魏博。領魏、貝、博、相、澶、衛、洺七州。	田承嗣	祿山部下，大曆十三年卒。
	田悅	承嗣從子，建中三年稱魏王，四年去號，興元元年為田緒所殺。
	田緒	承嗣子，貞元十二年卒。
	田季安	緒子，元和七年卒。
	田懷諫	季安子，同年為軍士所廢。
	田弘正	本名興，承嗣從姪，軍士擁立，元和十五年朝命移成德。
	李愬	
	田布	
	史憲誠	長慶二年軍士擁立，大和三年為部下所害。
	何進滔	三年軍士擁立，開成五年卒。
	何重順	進滔子，賜名弘敬，軍士擁立，咸通七年卒。
	何全皞	弘敬子，軍士擁立，十一年為部下所殺。
	韓允忠	原名君雄，軍士擁立，乾符元年卒。
	韓簡	允忠子，中和三年，為部下所殺。
	樂行達	賜名彥禎，軍士擁立，文德元年為部下所逐。
	趙文玠	軍士擁立，旋又被逐。

	羅弘信	軍士擁立，光化元年卒。
	羅威	弘信子，軍士擁立。

以上謂河朔三鎮（又有所謂四王，即朱滔、王武俊、田悅及彰義之李希烈）。其中如李懷仙、王武俊為契丹人，李寶臣、史憲誠為奚人，李茂勳、王廷湊為回紇人，皆東北之歸化人也。又如幽州之朱泚、劉怦、張仲武、張允伸，皆幽州人，魏博之韓允忠、樂彥禎、羅弘信皆魏州人，田承嗣平州人，餘或無可考見，亦必多久寄其地。計五十七人中，由唐所任者只四人，又五十四人中（除去最末三人已入五代），被其部下逐殺者乃二十二人，李泌嘗論士兵之善，以為顧戀田園，恐累宗族，不敢生亂，又云：「兵不土著，又無宗族，不自重惜，亡身徇利，禍亂遂生。」（《通鑑》卷232）由前觀之，殆非其然。三鎮之禍，非師不土著之患，正師率土著之為患也。（並參下引《舊書》）

	侯希逸	乾元元年軍士擁立，永泰元年為李正己所逐。
淄青。（平盧）領淄、青、齊、海、登、萊、沂、密、曹、濮、兗、鄆十二州。	李正己	原名懷玉，建中二年卒。
	李納	正己子，建中三年稱齊王，後去號，貞元八年卒。
	李師古	納子，元和元年卒。
	李師道	師古弟，元和十四年被誅。

第二章 藩鎮風雲：地方割據與中央危機

橫海。領滄、景、德、棣四州。	程日華	本名華，建中三年授，貞元四年卒。
	程懷直	日華子，八年為從兄懷信所逐。
	程懷信	永貞元年卒（？）。
	程執恭	後改名權，懷信子（？），元和十三年歸朝。
	關於懷信、執恭，可參《互證》卷19及《通鑑》卷240胡注。	
宣武。領汴、宋、亳、潁四州。	劉玄佐	本名洽，建中二年授，貞元三年卒。
	劉士寧	玄佐子，軍士擁立，十年被部下李萬榮所逐。
	李萬榮	十一年卒。
彰義（淮蔡），領申、光、隨、蔡四州。	李希烈	大曆十四年逐李忠臣（即董秦），建中三年自稱建興王，貞元二年為部下陳仙奇毒殺。
	陳仙奇	旋為吳少誠所殺。
	吳少誠	軍士擁立，元和四年卒。
	吳少陽	自為留後，九年卒。
	吳元濟	少陽子，十二年誅。
澤潞（昭義），領澤、潞二州。	劉悟	元和十五年授，寶曆元年卒。
	劉從諫	悟子，會昌三年卒。
	劉稹	從諫姪，四年誅。

各鎮領州之數，時有增減，上文載錄其大概，可參《新書·方鎮表》及《唐方鎮年表》。

藩鎮勢力坐大

　　河朔三鎮及淄青之割據，始自代宗，除淄青外，三鎮雖均中間一度曾由朝廷選任，然不旋踵而復失，成德王氏繼世至八十餘年、魏博田氏五十餘年，是其最久者。此外橫海、宣武、彰義，均啟自德宗，宣武為時最短暫，餘兩鎮皆為憲宗所收復。澤潞則中唐割據之最後者。

　　若夫鎮使跋扈，初無非挾軍士以自重，久之軍士得勢，鎮使反為其所左右，稍失控制，危亡立至。《舊書》卷181〈羅弘信傳〉云：「魏之牙中軍者，自至德中田承嗣盜據相、魏、澶、博、衛、貝六州，召募軍中子弟，置之部下，遂以為號，皆豐給厚賜，不勝驕寵，年代寖遠，父子相襲，親黨膠固，其凶戾者強買豪奪，逾法犯令，長吏不能禁。變易主帥，事同兒戲，如史憲誠、何進滔、韓君雄、樂彥禎，皆為其所立，優獎小不如意，則舉族被害。」有類於春秋時代國君之政，下移大夫，大夫之政，又下移家臣，後浪推前浪，孕生自行潰敗之矛盾。《二十二史札記》卷22云：「藩帥既不守臣節，毋怪乎其下從而效之，逐帥、殺帥，視為常事。」下至五代諸帝，亦多由軍士擁立，直至陳橋兵變（西元960年），風始衰歇，計傳習至二百年之久。由此而觀，知參與方鎮運動者無非驕兵蹇將，全為自己打算，希圖奪取富貴，並不代表一定階層；同時國計民生卻大受損害，馴致國力疲弊，燕雲十六州獻於外人，遼、金、元、清之入侵，胥於是基始。或有人評「未免有些言過其實」，則過

第二章　藩鎮風雲：地方割據與中央危機

於短視，未深察當日東北形成住民組成複雜之原因；蓋幽、營一帶在天寶以前內附之部族，為時不過三數世，各成聚落，只知有當地之節帥，與中央連結極弱，逮燕、雲割地，陷溺愈深。反觀西北，陷吐蕃雖及百年，唯其隴右人民，念念不忘故國，故張義潮攘臂起義，不崇朝而十一州歸朝。誠能比較其異同，自會豁然領悟。陳氏《述論稿》云：「安史之霸業雖俱失敗，而其部將及所統之民眾依舊保持其勢力，與中央政府相抗，以迄於唐室之滅亡。」（19頁）按對抗唐室者僅方鎮及其部將首領，唐室固剝削，然有時地方之剝削，或比中央更甚，在群眾看來，同是一丘之貉，不會予以支持，故部將旋起而旋蹶也。

抑藩鎮之禍，多以為無可救藥，觀察亦誤。始終怙惡者唯河北三鎮，縱觀經過，非無轉機，惜人事不臧，如下文所舉耳。

1. 宰相無謀。幽州為始亂之區，去京亦最遠。劉氏居燕三世，穆宗時，劉總歸朝，群龍無主，既籍軍中素有異志者朱克融等，遣至闕下，（《舊》卷180〈克融傳〉）則宜寵以虛位，移於他方，或更正其罪名，使留者知警。而宰相崔植、杜元穎等毫無謀略，既不能饜其欲望，反而勒令歸鎮，（同上及卷154〈劉總傳〉）同於縱虎還山，幽州再失之咎，實崔、杜之失。

繼而幽、鎮兩藩之亂，王涯獻議先討鎮冀而後及幽薊，策本可行，然朱克融、王廷湊竟能以萬餘之眾，抗官軍十五萬

餘,是為統制不一、玩寇邀利,宰相昧機、膠柱鼓瑟,亦崔植等之過也。(《舊書》卷142)

文宗時,楊志誠之亂,非謀定後動者,牛僧孺乃言:「安、史之後,范陽非國家所有,前時劉總向化,朝廷約用錢八十萬貫,而未嘗得范陽尺布、斗粟,……且范陽,國家所賴者,以其北捍突厥,不令南寇,……則爪牙之用,固不計於逆順。」以見解如此幼稚之人任宰相,國事安能不壞?理全國事,應見其大,豈能效市井商人錙銖之計?抑以八十萬易八州歸朝,價並不貴,如長為唐有,每歲八州所賦,何止此數?未得尺布、斗粟者,崔、杜之無能耳(說見前)。欲養叛藩以禦外寇,懦弱無能,何至於此!回紇自肅、代以後,絕少入寇,彼似了無聞知者,故曰幽州之三失,實牛僧孺之罪,後世猶多助牛以排李(德裕),世論失其平者久矣!(僧孺毫無遠見,可參拙著〈會昌伐叛集編證〉)

2. 將帥失策。德宗建中三年,田悅之役,馬燧、李抱真、李芃三師破之於洹水,悅歸至魏州,初為部下所拒,假使官軍長驅直進,魏州指顧可復,奈燧與抱真不合,(《通鑑》卷227)頓兵弗前,坐失良機,宜乎識者所痛。(《舊》卷141〈田悅傳〉)

3. 謀臣短視。穆宗時,田弘正由魏博移師成德,請留魏兵駐成德,其糧給出於有司,度支使崔倰固阻其請,魏兵甫歸,

第二章　藩鎮風雲：地方割據與中央危機

王廷湊即叛。俊不知大體，成德遂非唐有矣。(《舊》卷141〈崔俊傳〉)

4. 宦官誤事。李寶臣遣中使馬承倩百縑，承倩詈罵，擲之道中(大曆十年)。李納遣二弟入質，中使宋鳳朝欲邀功，說德宗拒其請(建中三年)。穆、敬兩朝則有如討廷湊之役，每軍遣內官一人監軍，內官悉選驍健者自衛，以羸懦應戰，因而兵多奔北；劉悟節度澤潞，監軍劉承偕常對眾辱悟，及悟卒，中尉王守澄及宰相李逢吉又受其子從諫之賂，為奏請留後，皆貽誤大計之彰彰者。總而言之，代、德兩朝京畿之內，累遭創夷，無所振作，猶有其困難之因。元和藉二十年安定之基，財賦稍充，復得毅決如憲宗，佐以杜黃裳、李吉甫、裴垍、李絳、裴度諸謀臣，中央威權於是一振。凡阻撓淮西軍事，如韋貫之、錢徽、蕭俛、獨孤朗輩，皆行罷黜，故能勒夏綏韓全義致仕，討其留後楊惠；專任高崇文討西川劉闢(皆元和元年)，斬鎮海(浙西)李錡(二年)，逮昭義盧從史(五年)，發夏州兵誅振武亂軍(八年)，用裴度、李愬擒吳元濟(十二年)，殺滄州刺史李宗奭，平李師道，復淄青十二州(十四年)。在藩鎮方面，則有易定張茂昭(元年及五年)、山南東道(二年)、魏博田弘正、宣武韓弘(十四年)入朝，田弘正申領籍、請官吏(七年)，程權奉還滄、景，王承宗願獻德、棣(十四年)。故元和之治，為中唐冠。

藩鎮勢力坐大

　　王夫之《讀通鑑論》以為安史之後，各鎮相繼為亂，「而唐終不傾者，東南為之根本也」；余則謂開元之世，米斗不過十許錢，穀賤固可傷農，同時亦易免於飢餓。安史及各鎮之亂，以致破壞百姓之長年生息，生民不獲其利而先獲其害，比諸晚唐時代，農民久居水深火熱之中渴望蘇息者，情況顯有差異。換言之，東南財賦供給唐室，猶是次要因素，中唐得以不傾，其主因實在大多數農民對唐保持消極支持態度，另一方面對野心軍將並未積極支持，故亂事無法擴大。

　　至於史家所謂「方鎮」，係指設置節度使或觀察使之區域，其數無固定，所領軍號亦常變更（可參《方鎮年表》）[092]。貞元中有節度三十一，觀察、防禦、經略十一，以守臣稱使府者共五十。（權德輿〈貞元十道錄序〉）元和中鎮四十七年（李吉甫《元和郡縣圖志表》）或四十六年（《唐語林》三載裴度之言）。開成初，節度二十九，觀察十，防禦四，經略三。（《舊王彥威傳》）餘可類推。又節度名位，不過比觀察稍隆重，實際無大殊異，故如鄂岳一鎮，時而觀察，時而節度，廢置無常。

---

[092]《舊地理志》列舉節度使、觀察使等使四十四鎮，《二十二史考異》卷58以為「據太（大）和中方鎮言之」，錢氏大約因寶曆元年改鄂岳觀察為節度，至大和五年而復舊，〈地志〉稱「武昌軍節度使」，故有此論定也。但考《新書》卷64〈方鎮表〉，乾元元年置振武節度，領麟、勝等州，上元元年置鄜坊節度，領鄜、坊、丹、延四州，貞元三年置夏州節度，領夏、綏等州，此後無甚大更革，今〈地志〉不見振武三節度，所領州仍分附邠寧、朔方二鎮之下，則可知非盡合於大和制度。

第二章　藩鎮風雲：地方割據與中央危機

　　或者謂唐代初行虛三級制，有節度使後，變為實三級制，其分析亦不盡合。都督本身為刺史，但又可節制領下各州之刺史，與節度無異。節度之壞，在於權太重，如支度、營田、轉運、採訪等，初本別置專使充任，後乃全付予藩臣，尾大不掉，實在於此。

第三章

外族侵擾：邊疆的衝突與衝擊

第三章　外族侵擾：邊疆的衝突與衝擊

　　唐之中衰是從對外族態度的轉變開始的。太宗嘗言：「自古皆貴中華、賤夷狄，朕獨愛之如一，故其種落皆依朕如父母。」太宗一生無狹隘民族之偏見，非徒發諸言論，兼能躬自實踐，故征討四方，常獲得異族效力追隨。繼體者，高宗昏庸，武后陰鷙，尤其武后誅鋤異己，勇悍之士，慄慄自危，老將凋零，新進又昧於兵事，故在內有突厥脫離復立，在外則有吐蕃、契丹之侵略張狂。

唐朝國勢衰微 ── 從對外政策轉變談起

全氏書又謂高宗長期幸洛,因而維持國威於不墜,如從整個局勢來觀察,其說亦不能成立。

太宗嘗言:「自古皆貴中華、賤夷狄,朕獨愛之如一,故其種落皆依朕如父母。」(《通鑑》卷198)高麗白崖城之役,阿史那思摩中弩,親為吮血,契苾何力瘡重,自為傅藥。(同上卷197～198)太宗一生無狹隘民族之偏見,非徒發諸言論,兼能躬自實踐,故征討四方,常獲得異族效力追隨。繼體者,高宗昏庸,武后陰鷙,尤其武后誅鋤異己,勇悍之士,慄慄自危(漢人如王方翼遭流徙,程務挺被殺;外族如泉獻誠、阿史那元慶,均為來俊臣所構陷),老將凋零,新進又昧於兵事,故在內有突厥脫離復立,在外則有吐蕃、契丹之侵略張狂。

(一) 突厥

自貞觀初年(西元630年)降附,垂五十載,至儀鳳四年(西元679年),阿史那泥熟匐自立為可汗,同時二十四州首領並叛,唐兵往討者初雖小勝,然突厥旋蹶旋起。永淳元年(西元682年),阿史那骨篤(咄)祿召集逃散部眾,勢益猖狂,此後(不知確年)遂徙回漠北。武后荒淫,屢用白馬寺僧薛懷義統兵以抗突厥,其毫無戰績,不問可知。

第三章　外族侵擾：邊疆的衝突與衝擊

骨咄祿卒（天授二年，西元 691 年），弟默啜繼立，對唐益輕視，要索六胡州及單于都護府（即永徽時瀚海都護之後身）之地，則天賜以雜彩五萬段，粟數萬石，以求息事（聖曆初年，西元 698 年）。默啜無厭，仍長驅入河北，陷瀛、檀、定、趙、恆、易，掠財帛億萬、男女萬餘人而去。

（二）吐蕃

其語原為何，迄今無定論（大約與古突厥文，參《史地譯叢續編》61～63 頁）[093]，西藏人自稱其地曰 Bod，我曾證其即隋之附國[094]（附之古音為 biu），或謂藏語 stod-bod 即「上

---

[093] 十九世紀初，法國學者以為吐蕃當讀如「吐波」，伯希和則根據中國古音，謂吐蕃應保留 Thupuan 的讀法，無須讀若吐波。余按《黑韃事略》云：「西南……曰木波（西蕃部領不立君）。」王國維未釋之。考元王惲《玉堂嘉話》卷三有「吐蕃土波」之文；而《金史》卷 10，明昌六年八月，「木波進馬」；同書一四，貞祐二年十月，「詔遣官市木波西羌馬」；又十五，興定元年八月，「陝西行省奏木波賊犯洮州」，從其地域、事物而觀，顯為吐蕃無疑。復次，《百丈清規》云：「帝師拔合斯八，法號惠幢賢吉羊，土波國人也，……初土波國有國師……。」（據《蒙古源流箋證》卷四引）拔合斯八，即《元史》之八思巴，本西藏人，土波為吐蕃，更多一證，故可斷木波皆土波之訛，若然則宋、元時代固有讀吐蕃如土波（或吐波）者，伯希和之疑問，似尚待研究。後查得《舊書》卷 122 稱：楊朝晟統士馬鎮木波堡，據言木波為吐蕃來路，土波之訛為木波，亦許由此。

[094] 關於附國之服飾，茲摘錄元戴表元《唐畫西域圖記》一節以供參考，《記》云：「《唐畫西域圖》一卷，卷凡四則，每則各先書其國號，風土不同而同為羌種。畫者又特舉其概，每國書一王而一二奴於後挾持之，王皆藉皮坐於地，侍者皆立。一王掀掌倨語，圓皮頭帽如缽，項組鐵下垂至藉，皮服衣裘，牛腳靴，胸懸一員金花。一奴小員皮帽，斂袂受事。一奴曳幕羅，手上下奉酒壺若俟而進，裘靴與王同者；蜀郡西北二千餘里附國良夷也。」（《剡源文集》卷四）後檢伯希和〈評赫爾滿《中國歷史商業地圖》〉，謂附國不能單獨代表西藏。（《史地考證譯叢》卷五編 76 頁）

國」之意,本屬西羌族類。據說始祖名鶻提悉敦野(伯希和還原為 Ol-de-sbu-rgyal,余據 Thomas 之拼法,謂應等同於藏文 Ho. Ide-spu-rgyal),猶言「來自天上君臨人類之王」。貞觀八年,其贊普棄宗弄贊遣使求尚公主,太宗不許,於是勒兵二十萬,入寇松州,聲言不得公主且深入。十五年,得宗女文成公主為妻,弄贊親迎於柏海,慕華風,歸則築城郭、宮室以居公主。高宗即位,奏請蠶種、酒人與碾磑等工,皆給之。龍朔三年,侵併吐谷渾。

先是,隋煬帝平吐谷渾後,留其質子順不遣,及大業之末,前王伏允悉收故地,復為邊患。唐高祖雖遣順歸國,而入寇如故。貞觀九年,詔李靖等合突厥、契苾之眾,分六道往攻,大破之,順斬其相,舉國來降,伏允自縊死。順繼立,因久質於隋,國人不附,未幾被弒。子諾曷鉢嗣,太宗封為烏地也拔勒豆可汗,十四年,又妻宗女弘化公主。後為吐蕃所攻,諾曷鉢不能禦,攜公主走投涼州[095],高宗詔徙其餘眾於靈州,置安樂州以處之。

於時,吐蕃方面,祿欽陵(Khri hbrin)兄弟方當國,連年入邊,盡破西羌羈縻諸州,北服于闐(麟德二年),取龜茲(咸

---

[095] 涼州即今武威,1924 年河西地震,諾曷鉢及弘化公主墓在武威南之祁連山崩陷出土,碑誌完好無缺。(1945 年《新中國》七期陳寄生〈青海土人為吐谷渾後裔考〉)

亨元年），安西四鎮並廢，薛仁貴復喪師於大非川[096]。儀鳳三年，特以中書令李敬玄督師，與戰青海上，王師大敗，敬玄僅得奔逃，高宗召群臣會議，闔朝無善策。吐蕃屢侵不休，萬歲通天二年，始遣使請和，朝令前梓州通泉尉郭元振往。欽陵力言，安西四鎮即舊日突厥五俟斤轄境，與吐蕃唯界一磧，漢兵易從此侵入，要求唐朝拔去鎮守，使各國分立，作為漢、蕃之中間地帶，元振婉辭拒之。既而贊普害欽陵專國久，討之，欽陵兵潰自殺，邊患始稍紓。

（三）契丹

始見《魏書·獻文帝紀》（五世紀後半）。古突厥文作 Kitai。貞觀二十二年十一月，契丹[097]帥窟哥、奚帥可度一同歸附，以契丹為松漠都督府，奚為饒樂都督府[098]。萬歲通天元年

---

[096] 《新書·地理志》，大非川在鄯城（今西寧）縣西三百餘里，《通鑑輯覽》卷52注認為是東南流入青海之布喀河，馮承鈞、陳寅恪生均承其說，陳且謂青海人稱水曰「非」。（同前引文）丁謙《唐西域傳考證》以為今雅瑪圖河。吳景敖辨《輯覽》之誤，證大非川為今之切吉曠原，（《西陲史地研究》11～12頁）即共和縣地，與《通鑑考異》引《十道圖》「大非川在青海南」之舊說相合。

[097] 清朝敕撰之《三史語解》：「遼為達呼爾，因其言語用達呼爾語也。」鳥居謂今住呼倫貝爾之達呼爾（Dahur）即契丹之遺族。（《滿蒙古跡考》106頁）

[098] 藍著《隋唐五代史》注云：「《蒙古游牧記》『翁牛特左翼旗北，有唐松漠府故壘。』……當在今熱河松嶺附近。」（上編112頁）藍所謂「松嶺」，不知何指，若今通行地圖繪松嶺在朝陽（即隋、唐之營州）之南及西南，非其地也。（參《東北通史》248頁）藍又注云：「《蒙古游牧記》謂唐饒樂府在今翁牛特左翼旗地。」（同上引）依此，則松漠、饒樂兩府同在一處，尤不可信。《遼史》卷37：「有天女駕青牛車，由平地松林泛潢河而下」；牟理（Jos.Mullie）云：潢河即西喇木倫（Siramuren），平地松林在潢河源附近圍場以北，此高地平原應

(西元696年),松漠都督李盡忠因被營州都督趙文翽所侮,殺文翽而據營(《舊書》卷199下訛「榮」)州,後遣兵討之,死

> 為今日赤峰縣西之大高原;(《東蒙古遼代舊城探考記》2頁)只泛言松漠,非確言松漠府所在。考契丹、奚兩部居地之記述,最詳者為《舊書》卷199下,《舊書》云:「契丹居黃水之南,……在京城東北五千三百里,東與高麗鄰,西與奚國接,南至營州,北至室韋。……天寶十年,安祿山……就黃水南契丹衙與之戰。」、「奚國……在京師東北四千餘里,東接契丹,西至突厥,南拒白狼河,北至霫國,自營州西北饒樂水以至其國。」黃水即潢河,白狼河今大凌河。又《通典》卷178,營州柳城郡「北至契丹界五十里,……西北至契丹界七十里,東北到契丹界九十里,契丹衙帳四百里」,《太平寰宇記》卷71所記西北、東北兩處距離之里數,與《通典》同,唯北方則作「北至秦長城二百七十里,至契丹界潢水四百里」,東北還作「自界至契丹衙帳四百里」(吾人須謹記現存此兩書均錯誤甚多,唯吳承志校改《寰宇記》之數為「西北至契丹界七十里,自界至契丹衙帳四百里」,究與《通典》東北到契丹衙帳四百九十里及《新書》蓟州下稱「奚王帳東北行傍吐護真河五百里至契丹衙帳」之方向不合);合而觀之,知今朝陽縣之西北、東北兩面,去契丹界都不及百里。又知朝陽縣東北四百里至四百五十里處,在初唐確實為契丹衙帳(需注意游牧部落之衙帳,往往不止一處)。牟理謂「契丹最初即居東蒙古西喇木倫及老哈河匯流之處」,(同上引)其總結與此甚近。大致言之,奚地應當於今熱河西南部,契丹當於熱河東北部,故兩國為東西相接也。(可參看《東北通史》169頁)
> 再者,論到松漠、饒樂兩府之今地,宋大中祥符九年薛映《行程記》云:「中京正北八十里至松山館,七十里至崇信館,九十里至廣寧館,五十里至姚家寨館,五十里至咸寧館,三十里渡潢水石橋,旁有饒州,唐於契丹嘗置饒樂,今渤海人居之。……自過崇信館乃契丹舊境,其南奚地也。」(《遼史》卷37;藍著112頁誤引為「胡嶠《陷北記》」)潢水石橋即今巴林橋(同前引牟理書13頁)則饒樂都督似在其附近,即《游牧記》所稱「松漠府故壘」(說見下)。但《遼史》卷37又云:「饒州……本唐饒樂府地,貞觀中置松漠府。」饒州之名,顯承自饒樂,然饒樂、松漠兩都督分屬奚、契丹兩國,斷非在同一地,是知《遼史》「置松漠府」一句,係誤將兩府混而為一(《東北通史》249頁亦然)。《游牧記》不加察,故以饒樂、松漠兩府同置於翁牛特左翼地區。《承德府志》置饒樂於翁金河流域,或因《新書》蓟州下稱:「奚王帳東北行傍吐護真河,五百里至契丹衙帳」而云然(吐護真即土河,亦即老哈河)。至薛映謂崇信館以北為契丹舊境,似與上說不相符,則須知中唐以後,契丹漸強,奚地已被其逐漸兼併,「舊境」一詞所指非追溯於唐初也。真正松漠府之故址,今不可確知(《東北通史》248頁,亦不能確言),依前引《通典》、《寰宇記》,應在今朝陽縣東北約四百至四百五十里處。

第三章　外族侵擾：邊疆的衝突與衝擊

大將數人，契丹攻陷幽、冀諸州。盡忠死，別將孫萬榮代領其眾，翌年六月，被突厥及奚在後掩擊，萬榮死於部下之手。

武后之世，得以支持不至於大亂，厥有兩因：(1)繼承平之後，民生尚未大困；(2)一般人迷醉於佛教。

吐蕃乘勢進犯河隴，攻陷安西、北庭

要了解唐代藩鎮之禍之延續，就要同時明白當日對外之緊張關係。安史之亂，各國都向唐聲援（見第二章「安史之亂」），獨吐蕃取乘危態度。吐蕃往日以河、湟一帶設備充實，故用兵側重爭取外圍（如安西四鎮），及安、史亂起（西元755年），窺知河西兵內調，守備空虛，於是改計從內側進攻，河、隴先淪，西方路斷，安西、北庭遂為彼囊中之物。復結合南詔，窺伺西南，使唐常處於心腹受脅之劣勢。外憂內患，相逼而來，唐廷一蹶不振，亦由吐蕃牽制致之，朱禮記隴右分鎮之大（見岑仲勉《隋唐史》〈唐史〉第二十二節），觀此而益知其非謹審時局之論。

州名及淪陷年分	備考
鄯（《新地志》，寶應元年以前）	《新吐蕃傳》，廣德元年。《元和志》卷39，寶應元年。

吐蕃乘勢進犯河隴，攻陷安西、北庭

州名及淪陷年分	備考
武（同上）[099]	景福元年始更名階州。
疊（同上）	
宕（同上）	
秦（《新地志》，寶應元年，西元762年）	《新吐蕃傳》同。《元和志》卷39，寶應二年。
渭（同上）	同上。
成（《新吐蕃傳》，寶應元年）	《新地志》同，《元和志》不載。
洮（《新地志》，寶應元年）	〈地志〉之「又陷秦、渭、洮、臨」句，應作「臨洮」，即洮州之郡名。《元和志》卷39，廣德元。
河（《新地志》，廣德元年，西元763年）	《元和志》卷39，寶應元年。又《新吐蕃傳》：「寶應元年，……明年，……明年，……取蘭、河、鄯、洮。」其末一「明年」為衍字，因寶應元之「明年」，吐蕃便陷長安，非隔兩年也。
蘭（同上）	同上。
岷（同上）	《元和志》卷39，上元二年（西元761年）。
廓（同上）	《元和志》卷39，乾元元年（西元758年）。

[099] 《會要》卷71：「武州，大曆二年五月十一日置，旋陷吐蕃。」所記淪陷年與《新志》異。

第三章　外族侵擾：邊疆的衝突與衝擊

州名及淪陷年分	備考
臨（《新吐蕃傳》，廣德元年）	傳文「蘭、河、鄙、洮」之洮字，應正作臨，因洮州即臨洮，已陷於上年也，參河州注。《元和志》卷39，寶應元年，《新地志》同。
原（《新地志》，廣德元年）	
涼（《新吐蕃傳》，廣德二年，西元764年）	《元和志》卷40同。
甘（《元和志》卷40，永泰二年，西元766年）	
肅（同上，大曆元年，西元766年）	
瓜（同上，大曆十一年，西元776年）	
沙（同上，建中二年，西元781年）[100]	

吐蕃此時侵勢，取河、湟路入。廣德元年十月，破涇、邠二州，直薄長安，代宗經華奔陝。吐蕃入京，立章懷太子賢之

---

[100] 沙州之陷，《元和志》卷40以為建中二年，《西域水道記》依其說；羅振玉《張義潮傳》謂徐氏不知何據，蓋失考也。（1954年《歷史教學》第二期35頁，金啟綜謂「沙州淪陷年月無確實史料可考」，亦仍未檢《元和志》。）羅氏又據顏真卿〈宋廣平碑側記〉，推閭朝殺沙州節度周鼎當在大曆十二年，據《新吐蕃傳》朝殺鼎後自領州事，城守八年，乃降吐蕃，因此從大曆十二年後算八年，可推定沙州陷於貞元元年（西元785年）；然《新吐蕃傳》既誤敘沙州陷於憲、穆之間，則其他所言，亦未必盡信，故從《元和志》。

曾孫承宏為帝,欲掠城中士女、百工,整眾歸國。適時,傳郭子儀率大軍將至,吐蕃僅留城十三日,即悉數遁去。

　　建中之後,大食訶論(Haroun-al-Raschid,西元786～809年天方教之大主教)與吐蕃數相攻,吐蕃歲西師(《新書》卷221下)[101]。然自時厥後,隴道不通,赴西域者須取道回紇。北庭、安西初時猶為唐守,迨貞元六年(西元790年,據《通鑑》卷233。《新書・地志》作貞元三年),北庭沙陀部酋朱邪盡忠降於吐蕃,節度使楊襲古率部二千人奔西州,安西道絕,莫知存亡。(據《通鑑》卷233。《元和志》卷40稱「貞元七年沒於西番」,大約因此。)

唐蕃邊界說

　　長慶二年(西元822年)唐遣劉元鼎入吐蕃會盟,五月六日盟成,吐蕃人以漢、蕃文合刻於石碑,現存拉薩,漢文已多剝泐。

　　《西藏圖考》三所錄,略云:「今蕃、漢二國所守見管封疆,洮岷之東屬大唐國界,其塞之西盡是大蕃地土。……唐差、蕃使並於將軍谷交馬,其洮岷之東,大唐供應,清水縣之西,大

---

[101] 巴爾托勒(Barthold)《蒙古時代前之突厥史》言:西元782～787年(建中三年～貞元三年)布哈爾築造長城,或用以防禦吐蕃。又《新傳》稱:貞元十七年,吐蕃與康國兵出現於南詔。

第三章　外族侵擾：邊疆的衝突與衝擊

蕃供應。」大致與《清一統志》相同,他本所錄,記敘又不盡相同。吳景敖專據《圖考》,作出如下考證:

> ……唯盟文既首載各守見管本界,復載洮岷以東大唐所管,其塞以西方是蕃境,又秦、渭、洮、岷諸州地方,蕃人統以「墨儒」稱之,《藏史》紀清水勘界事曾云:「於唐土墨儒地方,甥舅各修一廟,畫日月於石,以為盟誓。」是雙方均認當時洮岷邊塞以東之地為唐土甚明。其遠在洮岷以東千里之清水故縣,自不能又為兩界(國?)界地所在。且盟文原有洮岷以東大唐供應之規定,苟以此清水界址確為清水故縣,則唐何能越界千里以事供應?反之,清水西至洮岷間既明為唐境,則清水以西大蕃供應之規定,又寧非矛盾?……長慶以後,吐蕃落門川討擊使尚恐熱曾一度竊據秦、渭、洮、岷間,內向求封請援,吐蕃相尚思羅保洮河以拒之,迨恐熱敗,九州亦悉復,可知長慶間唐蕃兩地之清水界址,原必不在清水故縣。(《西陲史地研究》15～16頁)

吳氏因本其身歷,斷定唐蕃國界應在今岷縣西之大溝寨一帶(同上16～18頁;按大溝寨應即《申報圖》之大溝寨),頗得人信,余初亦以為無可非議。近再取唐史細勘,始知吳說之謬,其證有六:

1. 盟文既別本不同,如非取得別項鐵證,即不能專信《圖考》。據吳氏引《武備志》及《西寧新志》,均作「二國所守見

> 吐蕃乘勢進犯河隴，攻陷安西、北庭

管封疆，××屬大唐國界，其塞以西，方是大蕃境土，……其綏氏柵已（？）東，大唐供應，清水縣以西，大蕃供應」（同上），「封疆」下只闕兩字，顯非「洮岷之東」，否則正如吳氏所指稱，《圖考》著錄之文，為何前後矛盾？此《圖考》作「洮岷之東」之大可疑者一。

2. 藏語之「墨儒」，依吳說既包秦州在內，而清水又是秦州屬縣，是《藏史》所謂「於唐土墨儒地方」，譯漢得為「於唐之清水縣」。且唐蕃建中四年正月會盟於清水，正是首次約定疆界，謂「唐土墨儒」實指清水縣，尤與歷史事件吻合，初無蕃人認洮岷以東為唐土之跡證，此吳氏解釋之不合邏輯者二。

3. 建中四年正月，張鎰與吐蕃盟文曰：「今國家所守界，涇州西至彈箏峽西口，隴州西至清水縣，鳳州至同谷縣，暨劍南西山、大渡河東為漢界。蕃國守鎮在蘭、渭、原、會，西至臨洮，東至成州，抵劍南西界磨些諸蠻、大渡水西南為蕃界。」（《舊書》卷196下，並參岑仲勉《隋唐史》〈唐史〉第四十六節。鳳州即今鳳縣。大渡河即岷江西支，近世所謂大小金川者。）此約定吐蕃極為重視，其累次悔盟，亦以疆場未定為藉口，長慶初彼國未弱，多年爭持之界線，何故忽肯退讓至數百里以西？此吳說之不合當年事勢者三。

4. 再從吐蕃之侵略觀之，自洮岷以東至清水縣，其武、秦、渭、成四州均陷於寶應元年（西元762年）或更早之前，

第三章　外族侵擾：邊疆的衝突與衝擊

原州陷於廣德元年（西元 763 年）（參前文），如果長慶初蕃人願退守洮岷，則是將六十年前吞併之五州，一次無條件復歸於唐，此是何等親善之舉，何以唐人竟漠然視之？且何故秦、原二州至大中三年（西元 849 年）而後稱其來歸？成、武二州更至咸通中而後收復也？（《新書》四十。此外渭州有無收復，史乏明文）此吳說明顯背離史文者四。

5. 吳氏又稱長慶後尚恐熱曾竊據秦、渭、洮、岷間，因以證長慶時兩國界址必不在清水；按恐熱內亂是會昌二年（西元 842 年）以後之事，距長慶初已二十年，且尚恐熱所據，當時是「吐蕃轄下的渭州」，非取自唐，何能藉此影射長慶間秦、渭之復為唐地，此吳氏之誤解史實者五。

6. 唐秦州在今秦安縣東，《元和志》三九稱清水縣西南至秦州一百二十五里，《九域志》則稱清水縣在秦州東九十里，合此推之，唐清水與今清水當相距不遠。依《申報圖》，今清水在東經一○六度，西去洮岷只二度或二度有奇，何嘗如吳氏所云相隔千里。《元和志》又稱秦州西至渭州三百里，渭州西南至岷州二百二十六里，充其量清水至岷州亦六百餘里耳，此吳說之地里失實者六。

總之，長慶盟書之國界，斷與張鎰約定無大出入，吳所考定，只憑此已可以推翻。任乃強則認為盟碑之清水，即今清水縣西，正與舊史相合也。

〔吐蕃乘勢進犯河隴，攻陷安西、北庭〕

　　稿既成，始知姚薇元有〈唐蕃會盟碑跋〉，其第三項「長慶唐蕃疆界考」研究已頗詳盡。（1934 年 6 月《燕京學報》第十五期 96～99 頁）彼謂碑文「今但云謹守如故，各守見管，是必所守之界，仍遵建中清水之盟」。實是定論，吳氏蓋未參及也。彼又引《甘肅新通志》卷 13：「清水故城在今甘肅省清水縣西十五里牛頭山下，俗名西城。」更求出實址，不必但作推測。

　　前引碑文末四句，姚校為「其綏戎柵已東，大唐祗應，清水縣已西，大蕃供應」，與《八瓊室金石補正》卷 71 無甚出入（《補正》只「祗」字寫法略誤），吳書作「綏氏柵」者非是。姚氏引《舊書》卷 83〈薛仁貴傳〉，推定綏戎柵必居大非嶺即隴山之上；（97 頁）按〈薛仁貴傳〉云：「軍至大非川，將發赴烏海，仁貴謂待封曰，……彼多瘴氣，無宜久留，大非嶺上足堪置柵，可留二萬人作兩柵，輜重等並留柵內。」大非嶺無疑在大非川之旁，與烏海均在今青海地區（參岑仲勉《隋唐史》〈唐史〉第十二節及第六十節），姚氏乃視之相當於甘肅之隴山，未免疏忽。姚氏又謂，隴州汧源西，大中六年改名為安戎關，即柵之故址，（97 頁）然據《新書》卷 37，此關本名大震關，與「綏戎」名稱相去甚遠，故其說亦待證實。

　　姚氏又云：「是介於綏戎清水中間之地，必不屬任何一方」，「建中之盟，在蕃盟於清水，是其證。」（99 頁）此數語亦須略作修正。據《舊書·吐蕃傳》，建中三年原約「以十月十五

101

第三章　外族侵擾：邊疆的衝突與衝擊

日會盟於境上」，清水之地顯未劃入蕃界，換言之，此一通道上東自綏戎柵起，西至清水縣止，均屬於姚氏所謂「緩衝區域」，出了清水縣的區域，才算蕃界。非謂到清水縣城即入蕃界也。解釋約文，更應慎重，故特拈出之。

姚文曾引《舊書》卷118〈元載傳〉：

今國家西境，極於潘原（姚云，今平涼東四十里），吐蕃防戍，在摧沙堡（姚云，今固原西北），而原州界其間。

及《沈下賢文集》卷10〈元和末對策〉：

又嘗與戎降人言，自瀚海已東，神烏（姚誤「鳥」）、燉煌、張掖、酒泉，東至於金城、會寧，東南至於上邽、清水，凡五（？）十郡、六鎮、十五軍，皆唐人子孫，生為戎奴婢。……令邠寧、涇原軍皆出平（姚誤「乎」）涼，道彈箏；邠寧軍北固崆峒，守蕭關；涇原軍西遮木硤關；鳳翔軍逾隴出上邽，因臨洮取鳳林南關；南梁軍道鳳逾黃花，因狄道會隴西。

皆可供研究天寶以後唐、蕃國界之參考，並附錄於此。

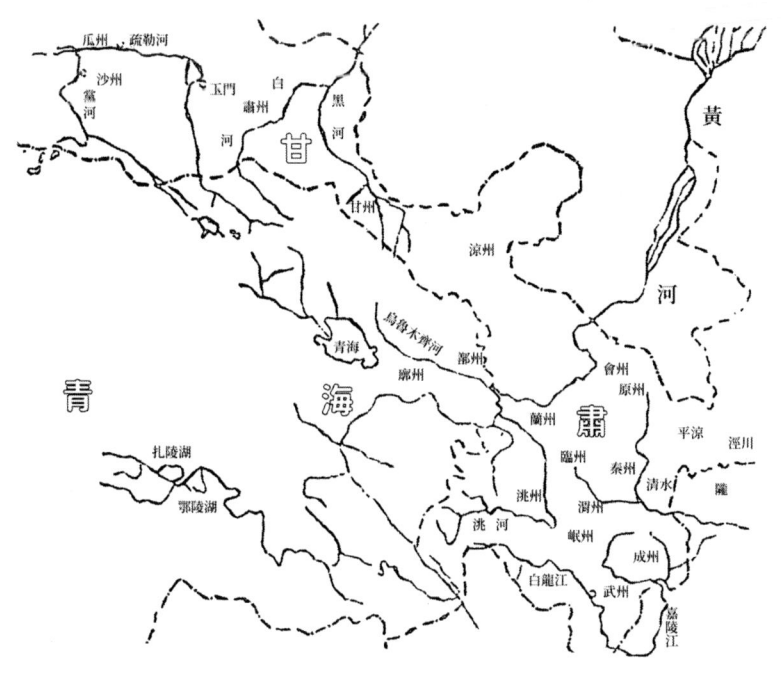

圖一　吐蕃侵占河隴，建中後之唐蕃邊界

南詔崛起與唐朝的邊疆危機

　　天寶後吐蕃橫行，南詔實為之助，「詔」猶云「王」，本氐羌語，故苻堅稱作苻詔，相當於西藏語之 Rgyapo（按漢語古稱「酋長」，「酋」、「詔」只清濁之音轉而已）。併吞各詔之蒙舍詔，在諸部落之南，故稱南詔也（樊綽《蠻書》三）。

103

第三章　外族侵擾：邊疆的衝突與衝擊

　　古代居住於雲南之民族，最為複雜，此屬於專門研究，僅就其推展情形而言，已有四種不同說法：

1. **戴維斯（Davies）說**

    a. 蒙吉蔑 Mon-Khmer

    b. 泰 Tai, Thai

    c. 藏緬 Tibeto-Burman

2. **給爾登（Geldern）說**

    a. 蒙吉蔑

    b. 藏緬

    c. 泰

3. **魯易斯（Lowis）說**

    a. 藏緬

    b. 蒙吉蔑

    c. 泰

4. **李濟說**

    a. 藏緬

    b. 泰

    c. 蒙吉蔑

陶雲逵主張 1. 說，其理由是自漢迄魏，史冊中所記雲南土族，多近於藏緬，唯哀牢夷當為泰之一支，其時已居於較西南之保山、蒙化一帶，藏緬語族至晉初乃構成東、西爨族[102]。

余從歷史觀點推之，以為最初應是蒙吉蔑，其主要居住地，初名扶南，後名真臘，即柬埔寨[103]。慧超《往五天竺國傳》：「崑諸國，閣茂為大。」閣茂即吉蔑之異譯[104]。吉蔑族繁盛時代為位於印度恆河東岸之際，尚在泰族（布依）未至湄南江（Menam）下游之前[105]。又阿剌伯作品尚有一奇異傳說，云：創世紀，雅弗（Japhet）之子歌瑪（Gomer）傳種於吉蔑、Komr及中國三處；此三族之祖，居於大地之東，後因不和，中國人乃逐其鄰族於海島，自是以後，吉蔑居今之柬埔寨，Komr徙於今之馬達加斯加[106]；傳說雖離奇，然越南半島人本由高原南下，係無法反駁之事實[107]。大凡民族遷徙，往往後浪推前浪，今觀吉蔑之南居海濱，在藏緬及泰族前，則認蒙吉蔑居先，實近於事理。其他兩族也許同時並進，尚難遽評斷先後也。

雲南之開發，可上溯於楚，楚王曾經使將軍莊蹻（《後漢

---

[102] 〈雲南土俗現代地理分布〉。（《史語所集刊》七本四分 437～438 頁）
[103] 費瑯《崑及南海古代航行考》85 頁。
[104] 同上 7 頁。（並參《西域南海史地考證譯叢》188 頁注六）
[105] 同上 47 頁。
[106] 同上 68 頁。
[107] 同上 131 頁。

第三章　外族侵擾：邊疆的衝突與衝擊

書》作莊豪）溯沅水西略至滇池[108]，便留王其地（《通典》卷187）。漢武元封二年，發巴蜀兵臨滇，滇王舉國降，於是以為益州郡（今晉寧縣）。蜀後主建興三年，諸葛亮南征，擒孟獲，改益州郡為建寧，用其俊傑爨習等為官屬。西晉置寧州，晉武初年有交阯太守建寧爨谷，又有爨能。李雄帝蜀，分寧州置交州，以爨深為刺史。劉宋初，有寧州刺史爨龍顏[109]。梁元帝授爨瓚南寧州刺史；其子翫降而復叛，開皇十七年，史萬歲討平之。天寶中，東北自曲靖州起，西南而石城（石城川，今曲靖）、昆川（今昆陽）、晉寧（今同名）、安寧（今同名），至龍和城（《通鑑》胡注：「綽云，由安寧西行一日至龍和，疑為今老鴉關」），謂之西爨白蠻。又自曲靖州、升麻川南至步頭[110]，

- [108] 《華陽國志》卷四，滇池縣，「故滇國也，有澤水，周回二百里，所出深廣，下流淺狹如倒流，故曰滇池」；按突厥語 tengis 或 dengis，海或湖之義，滇音顛，（《通典》卷 187）與 ten 相對。（參《成吉思汗實錄》531 頁）余認為「滇」係以海得名，今雲南土俗，有水便呼「海子」，正可相互映證。《國志》又云：「蹻泝沅水。出且蘭以伐夜郎。」此是古代入滇之東路。
- [109] 〈爨龍顏碑〉見《金石續編》卷一。
- [110] 《蠻書》卷六：「通海城南十四日程至步頭，從步頭船行，沿江三十五日出南蠻。夷人不解舟船，多取通海城路賈勇步，入真登林西原，取峰州路行量水川西南至龍河，又南與青木香山路直，南至昆崙國矣。」（漸西村舍本）伯希和謂步頭即《蠻書》一之賈勇步，賈耽之古湧步；但從步頭船行，沿江三十五日出南蠻。日期大長，暫以步頭位置於今之臨安（今建水），後文又疑賈勇步即今蠻耗。（《交廣印度兩道考》卷八及 141 頁）余因其行程日期差異，疑步頭應為《蠻書》一之下步而非賈勇步。（《聖心》二期拙著〈南海昆崙與昆崙山之最初譯名〉38 頁注 110）近在講義初稿又斷定《蠻書》原本應作「沿江三、五日出南蠻」，不知者誤增「十」字；《蠻書》六同一條內，步頭與賈勇步並舉，則兩者顯非一地。今再詳之，步頭即下步之說，實不可通；考〈德化碑〉曾三著步頭（「安南都督王知進自步頭路入」、「威慴步頭，恩收曲靖」又「東爨悉歸，步頭已成內境」），當日南詔及東爨勢力範圍，東南不能出今滇省邊界。而依《蠻書》一，下

謂之東爨烏蠻[111]。(《蠻書》卷四)

詔有六,曰蒙嶲(嶲,式委切,今小雲南附近)[112]、越析(亦曰磨些詔,在今賓川之北)、浪穹(今洱源)、邆賧(賧,式冉切,今鄧川)、施浪(今洱源)、蒙舍(今蒙化)[113],皆烏蠻也[114]。高宗永徽四年(據《南詔野史》上),南詔細奴邏始遣使朝

> 步卻屬於安南管地。同理,由通海城起出南蠻(即南詔)境,亦斷不需十八、九日程(十四日加三至五日)。反覆尋勘,始悟「通海城南十四日程」之「十」字,同是衍文,通海即今通海,如以其南四日程之步頭置於建水。則嫌太近,置於蠻耗,又覺失之過遠,以里程推算,似應在蠻耗更西北之上游,蓋現時上水。雖在蠻耗止航,下水之起點似可更西移也。唯其今本多衍兩個「十」字,故令地理家無從捉摸。更應附帶提及者,余在《聖心》稿內,依漸西村舍本以「行量水川」為句,又揭出此句以下與前文不相接;今又悟「行」字應屬上句,量水川以下三句別為一事,與前文無涉。龍河殆今瀾滄江,故南與青木香山路相直也,青木香山在永昌(今保山)南三日程。後來又考《元史》卷61建水州條:「在本(會川)路之南,近接交阯,為雲南極邊治,故建水城,唐元和間蒙氏所築,古稱步頭,亦云巴甸,每秋夏溪水漲溢如海。」據《地理今釋》,建水州在今建水縣之西。按《元和志》卷38,欽州靈山,「今南四十里謂之水步,即是欽州北來人泝流捨舟登陸處」。南方俗語現在猶呼水陸上下處為「水步頭」或「步頭」,「步」音轉輕脣則曰「水阜」或「阜頭」,或又加土作「埠」,近世稱「商埠」,義即本此。今建水縣未臨紅河,非舟船上下處,應非步頭所在;唯建水西南紅河邊沿尚有地名「壩頭」,或其是歟?

[111] 《元史》卷121:「察罕章蓋白蠻也」,又「合剌章蓋烏蠻也」。《元史類編》卷20稱:白蠻據麗江,烏蠻據大理。沙海昂疑「章」為「戎」之訛,戎與羌在上古區別極明顯,與其謂「章」為「戎」之轉,毋寧謂「章」為「羌」之轉也。

[112] 據鈴木俊〈南詔之意義及六詔住地考〉(《東洋學報》卷19二號)余別撰〈六詔所在及南詔通道一段之今地〉一文,加以證明。陳碧笙以為「在今之蒙化附近」,(《廈門大學學報》社會科學版1956年第五期145頁〈試論白族源出於南詔〉)仍未確定其地。

[113] 蒙舍當即《庸那迦國紀年》之MuonSe。(《譯叢》149頁)

[114] 此據《蠻書》卷三;《通鑑》卷214引竇滂《雲南別錄》作「蒙舍、蒙越、越析、浪穹、樣備、越澹」,按滂只設置邊軍節度,(《新書》卷222上)不如樊綽之可信。越澹應即《蠻書》卷二之越賧(同書卷八:「川謂之賧」),在瀾滄江西,今騰沖地。(說見1947年《文史週刊》74期拙著〈唐代雲南管內幾個地理名稱〉)《蠻書》又云:浪穹、邆賧、施浪總謂之浪人,故曰三浪詔。

107

第三章　外族侵擾：邊疆的衝突與衝擊

參。細奴邏生邏盛炎，武后時親身入覲；其俗父子以名相屬[115]，邏盛炎生炎閣，炎閣弟盛邏皮，開元元年，授盛邏皮特進臺登郡王（臺登，今四川冕寧縣）；十八年，其子皮邏閣併滅五詔，二十六年，賜姓名蒙歸義，以破西洱蠻功，晉特進雲南王，勢力日強，築太和城（「和」猶云坡陀，今大理南十五里太和村）[116]及大釐城（即後來「大理」一名所本，今大理北四十里），守之，天寶七載卒，炎閣養子閣羅鳳（亦名承炎閣）立[117]。

九載，閣羅鳳與妻入謁都督，過雲南郡（即姚州，今姚安），太守張虔陀圖之[118]，又多徵求，羅鳳怒，攻取姚州，殺虔陀。翌年，劍南節度鮮于仲通討之，羅鳳請還姚州，且曰：今吐蕃贊普觀釁浪穹，否則我歸吐蕃耳；仲通不許，戰於西洱河，大敗，死者六萬。楊國忠又使劍南留後李宓將兵十萬[119]擊之，深入至太和城，瘴疫及飢死者什七八，退兵，羅鳳追

---

[115] 參 1954 年《歷史研究》二期四四頁劉堯漢〈南詔統治者蒙氏家族屬彝族之新證〉。

[116] 同前《譯叢》云：「其北境與大 MuonSe（大理）之 Ho 國（中國）接界。」（149 頁）按 MuonSe 即蒙舍，見前注 113。Ho 應是「和」之音寫，《庸那迦（Yonaka）國紀年》中此句應譯為「與大蒙舍之太和城接界」，非指「中國」，原譯誤。

[117] 此據《蠻書》三及《新傳》。照世系而言，則閣羅鳳本為皮邏閣之從兄弟，但〈德化碑〉稱：「王姓蒙，字閣羅鳳，大唐特進雲南王越國公開府儀同三司之長子也。……先王統軍打石橋城，差詔與嚴正誨攻石和子，父子分師，兩殄凶醜。……天寶七載，先王即世，皇上念功旌孝。」故視閣羅鳳為皮邏閣之子，（《南詔野史》上同）《蠻書》卷三「越析詔」條亦言：蒙歸義（即皮邏閣）長男閣羅鳳，豈當日炎閣養從孫為子耶？復次，胡蔚《南詔野史校注》（上卷）誤讀碑文為「家居閣羅鳳」，故謂其「取地名以為名」。

[118] 〈德化碑〉稱為「越雟都督張虔陀」。

[119] 據《新書》卷 222 上；唯《通鑑》卷 217 作七萬。

敗之,擒李宓。羅鳳遂稱臣於吐蕃,吐蕃冊為贊普鍾南國大詔(贊普鍾,「鍾」此云「弟」也,余按「鍾」當與漢語「仲」有關),改元贊普鍾元年(天寶十一,西元752年)。十三載,築京觀於龍尾關(即今下關)[120]。至德元年,乘祿山之叛,合吐蕃取越巂(今四川西昌,即巂州)、會同;二年,進陷臺登、邛部,據清溪關[121]。寶應元年,西開尋傳[122],南通驃(Pyu)

---

[120] 元郭松年《大理行記》:雲南州西行三十里品甸,又山行三十里白崖甸,赤水江經之。又山行四十里趙州甸,即趙也,神莊江貫於其中。川行三十里至河尾關,即洱水下流。其西又有關,北入大理,名龍尾關。入關十五里為點蒼,太和城在其下,周十餘里。又北行十五里至大理,名陽苴城,亦名紫城,方圍四五里(廣德二年築)。

[121] 《蠻書》卷一:「黎州(今漢源)南一百三十里有清溪峽,乾元二年(?)置關,關外三十里即巂州界也」;又「從石門外出魯望、昆川至雲南,謂之北路。黎州清溪關出邛部,過會通至雲南,謂之南路,從戎州南十日程至石門,……天寶中,鮮于仲通南溪(今南溪縣西)下兵,亦是此路。」按《蠻書》同卷下文稱,自石門第九程至魯望,再行十二程到柘東(今昆明北平定鄉),則石門路之一部,應相當於今威寧、宣威、曲靖(〈德化碑〉亦言仲通軍至曲靖)、昆明之通路,從方位而言,應曰東路。《蠻書》卷一:清溪關「至大定城六十里,至達士驛五十里(黎、巂二州分界),至新安城三十里,至菁口驛六十里,至榮水驛八十里,至初里驛三十五里,至臺登城平樂驛四十里(古縣今廢)」,共程三百五十五里;但《新書》卷42「巂州」下稱:「自清溪關南經大定城,百一十里至達仕城,西南經菁口,百二十里至永安城,城當滇笮要衝;又南經水口,西南度木瓜嶺,二百二十里至臺登城。」實四百五十里。今本《蠻書》之地名、里數,顯有訛脫。(可參《蠻書校注》)又〈德化碑〉云:「節度使鮮于仲通已統大軍取南谿路下,大將軍李暉從會同路進,安南都督王知進自步頭路入。」唐邛部縣,今越巂北七十里,會同即《蠻書》之會通,又曰會川或會同川(會川於今四川會理縣)。復次,由臺登至俄淮(即准字)嶺為程五百三十里以上(據《新書》卷42;《蠻書》此段路程,亦有脫漏),又由俄淮嶺至會川二百八十五里(據《蠻書》,但與《新書》相比,亦少數十里,依《新書》則臺登至會川共約九百里上下)。從方位而言,此路應曰西路。據《新書》,貞元十年,袁滋使南詔,係取東路(石門);十四年,內侍劉希昂使南詔,係取西路(清溪)。

[122] 尋傳是部落名稱,見於《蠻書》者分在兩個不同區域;其一,在今八募一帶(說詳同前引拙著),即本文之所指。〈德化碑〉云:「爰有尋傳,疇壤沃饒,人物

第三章　外族侵擾：邊疆的衝突與衝擊

國，裸形、祁鮮，不討自服[123]。永泰元年（西元 765 年），命長子鳳伽異於昆川置柘東城[124]，其部下為立〈南詔德化碑〉（現存大理），敘明羅鳳不得已叛唐歸吐蕃之故[125]（此一段多參據

> 殷湊，南通渤海，西近大秦」，是也。其又一，則在今金沙江與鴉礱江會流之處。《蠻書》卷二云：「又有水，源出臺登山，南流過巂州，西南至會州（當作「川」，見上一條注）、諾（同書八，「諾，深也」）賧，與東瀘合（「合」字原脫，今校補），古諾水也，源出吐蕃中節度北，謂之諾矣；江南，郎部落。又東，折流至尋傳部落，與磨些江合，源出吐蕃中節度西共籠川犛牛石下，故謂之犛牛河，環繞弄視川，南流過鐵橋，上下磨些部落，即謂之磨些江，至尋傳，與東瀘水合，東北過會同川，總名瀘水。」所謂「又有水」者，即今安寧河。東瀘即鴉礱江，樊綽以當古之諾（亦作若）水，與《野史》以上以金沙江當若水之說不同。磨些江則今之金沙江也，弄視川當指今麗江以北地區。安寧河在會理西北，先合於鴉礱江，再南，乃合入於金沙，匯流處附近就是另一尋傳部落之住地。

[123]〈德化碑〉：「裸形不討自來，祁 ×（當是「鮮」字）望風而至。」按《蠻書》卷四：「裸形蠻在尋傳城西三百里為窠穴，謂之為野蠻」；同書卷七：「自銀生城、柘南城、尋傳、祁鮮已西蕃蠻種，並不養蠶」；又同書卷六：「麗水渡面（？西）南至祁鮮山，……祁鮮已西，即裸形蠻也。」

[124]《蠻書》卷六：「柘東城，廣德二年鳳伽異所置也，其地，漢舊昆川。」按〈德化碑〉以置柘東城為贊普鍾十四年春之事，依碑，敗李宓在三年，相當於天寶十三載（西元 754 年），因此十四年應相當於永泰元年，今《蠻書》作廣德二年（西元 764 年），或其工程連兩年耶？

[125]《萃編》卷 160 著錄〈南詔德化碑〉，前截幾全泐，獨碑首題「清平官鄭回撰」六字完好無缺，是否原來真跡，頗成疑問。考碑末：「× 成家世漢臣，八王稱于晉業，鍾銘代襲，百世定於當朝，生遇不天，再罹衰敗，賴先君之遺德，沐求舊之鴻恩，改委清平，用兼耳目，心懷吉甫，愧無贊於《周詩》，志效齊斯，願諧聲於《魯頌》，紀功述績，實曰鴻徽，自顧下才，敢題風烈。」一望而知為撰文者自述之語，其人無疑是清平官，但姓名（或名）為「× 成」，不似「鄭回」，「八王」尤非鄭氏典故。考《蠻書》卷三：「閣羅鳳嘗謂後嗣悅歸皇化，但指大和城碑及表疏舊本，呈示漢使，足以雪吾罪過也。」並未揭示撰者姓名，《新傳》及《通鑑》卷 216 亦然。唯《南詔野史》上云：「令清平官鄭回撰〈德化碑〉，唐流寓御史杜光庭書，立石太和國門外，明其不得已叛唐歸吐蕃之故。」未知有何前據？復次，王昶《跋德化碑》云：「考《雲南通志·古跡》載，閣羅鳳刻二碑，一曰〈南詔碑〉，在城西南。注云，天寶間閣羅鳳歸吐蕃，揭碑國門，明不得已而叛，西瀘令鄭回撰文，今無可考。一曰〈蒙國大詔碑〉，即〈德

110

〈德化碑〉)。

大曆十四年,羅鳳卒,其子風伽異先死,伽異男異牟尋立,合吐蕃分三道入寇,德宗遣李晟等將禁兵往援,大敗之。興元元年,改號大理國。然吐蕃責賦重,歲徵兵助防,牟尋稍苦之,思歸唐;時西川韋皋(貞元三年)偵知其情,屢遣諜遺書,九年,牟尋乃決定派使者三道來。十一年,皋奉朝命,使親信赴羊苴城(今大理城,羊亦作陽,苴音斜,符差切)[126],與牟尋盟於玷(亦作點)蒼山下(盟書見《蠻書》末),並發兵襲吐蕃,戰於神川(即麗江縣北之金沙江),降其眾十餘萬。自是,遣子弟至成都習書算,學成輒去,復以他繼,垂三十年不

化碑〉也,是南詔群臣頌德之碑。注云,在城北,鄭回撰文,杜光庭書,今剝落殆盡云云。是南詔有二碑,皆鄭回撰文,其刻石國門之碑,朱子《綱目》記其事於天寶十一載,此碑則在大曆元年,兩碑之立,相距十五年,而前碑已亡。」所引《通志》,可疑之處共有四點:(1)羅鳳曾立兩碑,《蠻書》、《新傳》、《通鑑》與《野史》等史料皆未提及。(2)南詔是唐人對彼之稱呼,蒙國大詔是彼國人之自稱,彼國何以有「南詔碑」的名稱?(3)今〈德化碑〉前截即說明不得已叛唐之故,是否別有一所謂「南詔碑」成立在前,專敘此事?如其既有,〈德化碑〉似無須復述。(4)《新傳》將立碑表明心跡事,記於天寶十載仲通失敗之後(《通鑑》同),《野史》記於十三載敗李宓之後,似皆不知確年而順帶提及。吾人相信朱氏《綱目》處理此節故實,亦應用同樣手法,並非經過考實,不應強調「天寶十一載」之時間點。合此觀之,我並不相信羅鳳曾立兩碑,《滇志》之誤,由於信《綱目》,且以〈德化碑〉後截純然歌頌吐蕃(文云:「我聖神天帝贊普德被無垠……」,「我」字上空兩格),而疑其與無心叛唐不相應,故信別有一碑也。碑文只敘到贊普鍾十四年(葉昌熾《語石》卷二,即以為於是年所撰,且認〈南詔蠻頌德碑〉與〈南詔德化碑〉為同碑歧出),相當於永泰元年,王昶以為大曆元年立,似屬計算之誤。唐末至前蜀有道士杜光庭,《野史》所揭書人,亦極可疑,今不具論。

[126] 驃苴低之「苴」,哈威謂即 Swabwa 之 Swa,意即「君」也。(《緬甸史》上 15 頁),又突厥語呼「新」為「陽」,則陽苴城全義當為「新王城」。

第三章　外族侵擾：邊疆的衝突與衝擊

絕。(《孫可之集》卷二)

　　杜元穎鎮西川，昧於外情，削減士卒衣糧，戍邊者因皆入詔境劫盜。大和三年末，詔人襲陷巂、戎(今宜賓)、邛(今邛崃)三州，徑抵成都，陷其外廓，留西郭十日，去時，掠珍貨及子女百工數萬人，成都以南，越巂以北，八百里之間，民畜為空。(《孫可之集》)彼俗不解織綾羅，自是遂知紡織。(《蠻書》七)翌年十月，李德裕為西川節度，至鎮，即講求吐蕃、南詔通道形勢。朝命塞清溪關，德裕言，清溪之旁，大路有三，餘細路至多，不可塞。若得二、三萬人，精加訓練，南詔自不敢動。最要是大度水(今大渡河)北更築一城，迤邐接黎州，守以大兵。其朝臣建言者(暗指宗閔、僧孺)由於禍不在身，望人責一狀，留入堂案，他日敗事，不可令臣獨當國憲。朝廷皆從其請，蜀人粗安。德裕又遣使索還所虜西川百姓約四千人。

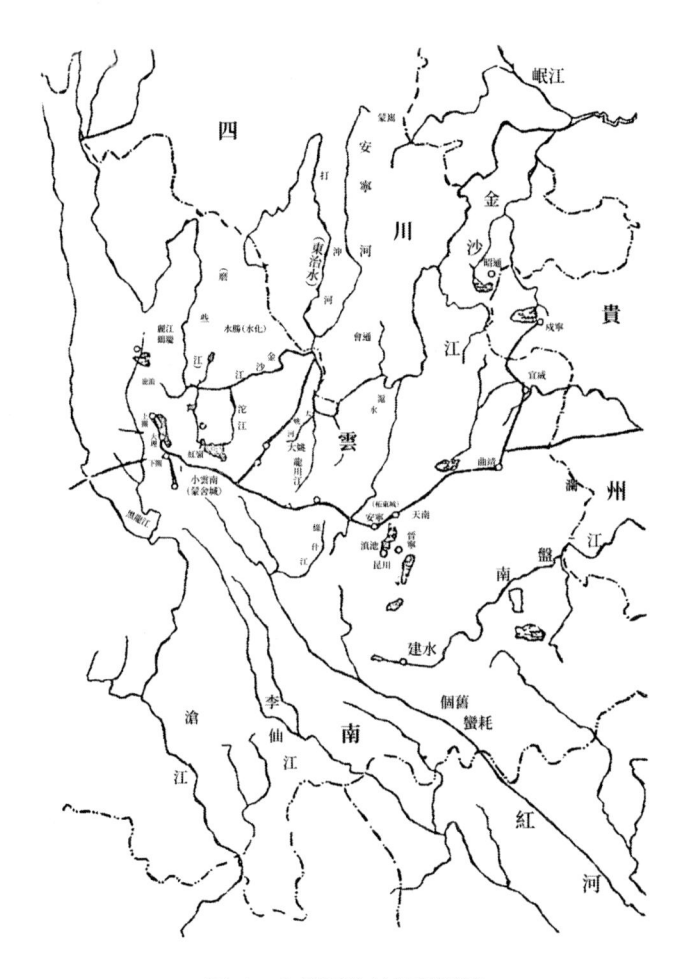

圖二　六詔居住地及其通路

1. 蒙巂詔　2. 越析詔　3. 浪穹詔
4. 邆賧詔　5. 施浪詔　6. 蒙舍詔

第三章　外族侵擾：邊疆的衝突與衝擊

德裕貶死，西川節度所任皆非人。(《野史》上) 會昌六年、大中十二年，寇兩入安南，咸通元年陷之[127]，其酋世隆始僭稱皇帝。二年，陷播州（今遵義）[128]，又寇邕、巂二州。四年，再陷安南。五年、六年，連寇巂州。七年，高駢復安南[129]。十年，寇嘉州。十一年，圍成都。十四年，寇黔中。乾符元年，又深入至成都城外[130]。用兵幾二十載，上下俱困，此後不能為大患矣。

南詔之禍，起於邊將失職，其最壞者有天寶之張虔陀、鮮于仲通，大和之杜元穎。玄宗老耄，忽視吐蕃，縱容仲通、國忠等啟釁西南，遂至為虎添翼，迫陷長安，代、德之際，無歲不寇。反之，韋皋密行招撫，則「南詔入貢，西戎寢患」，(《唐大詔令》卷 118) 以是知對待鄰接民族，萬萬不能自大。

南詔之地方區域，以賧為號，賧即泰語之 xien，與漢譯

---

[127] 《通鑑考異》卷 23 云：「按宣宗時南詔未嘗陷安南，據《新（南詔）傳》則似大中時已陷安南。」按《新書》各列傳之敘事，不依年序為先後，其例甚多，〈南詔傳〉在咸通元年之前稱南詔陷安南者，實係咸通元年事倒錯於前耳。

[128] 《考異》卷 22，大中十三年南詔陷播州云：「《舊紀》、《實錄》今年皆無陷播州事，唯《新紀》有之；《實錄》，咸通六年三月盧潘奏云，大中十三年，南蠻陷播州。」是《新紀》似據盧潘奏而書也。《通鑑》卷 250，又於咸通元年十月己亥後書「安南都護李鄠復取播州」，亦本自《新紀》卷九。考尉遲偓《南楚新聞》記黔南事云，「咸通二年蠻寇侵境」，茲從之。

[129] 陳碧笙《滇邊散憶》云：「七年復取安南，高駢大敗之。」(20 頁) 按再陷安南在四年，陳書誤。

[130] 廣明元年，盧攜稱咸通以來，南詔兩陷安南、邕管，一入黔中，四犯西川，(《通鑑》卷 253) 只概括言之，可參看《考異》卷 23 及胡注。《互證》卷 20 疑安南只咸通四年一陷，係未見攜奏之故。

「孟」、「蒙」或「猛」）[131] 之義相同。「賧者州之名號也」，凡六：「大和陽苴謂之陽，大釐謂之史賧，澄川謂之賧賧，蒙舍謂之蒙舍賧，白厓謂之勃弄賧」（今鳳儀縣白崖）[132]，韋齊休《雲南行記》則作十賧。（《蠻書》卷五）

安史之亂中的回紇

中國古代往往受北方強鄰侵略，當危急之際，不受侵略而反得其援助者史冊上確實罕見（可與吐蕃侵奪河、隴對照）。

回紇（Uighur，景教徒作 Ighur、Iaghur，《海屯紀行》作 loghus），隋時稱韋紇，《隋書》列作鐵勒之一種，德宗時改譯回鶻，或謂即漢之烏揭。其開化似比突厥較早。唐初居獨洛（Tohgula）河北之娑陵水上，部內分為十姓；屬部中別有九姓烏護（Toguz Oghuz，見〈回鶻英武威遠毗伽可汗碑〉）。後世又分為黃頭回紇（Salik Uigur）等支派。拉施特謂「回紇」之義為「聯合幫助」。

---

[131] 《蠻書》卷四言：「茫蠻部落，並是開南雜種也，茫是其君之號。」張禮千謂泰語「孟」為城鎮之意。（《東方雜誌》18 號）
[132] 今本奪去一賧，《校注》云：「疑後龍口一城當亦為一賧，係傳寫誤脫一句也。」余按龍口城即今大理上關，似未得為一賧，唯《蠻書》卷五云：「渠斂趙，本河東州也，西岩有石和城，烏蠻謂之土山坡陀者，謂此州城及大和城俱在陂陀山上故也。」（同書卷八，「山謂之和」）似占一賧之數，即《野史》上之趙州賧，今改鳳儀縣。

第三章　外族侵擾：邊疆的衝突與衝擊

回紇，於闐文或拼作 Hve:hvu:ra，其前兩音相當於「回回」（見拙著〈回回一詞之語原〉，《史語所集刊》十二本），彼族徙居天山後多信奉天方教，明、清人遂呼天方教為回回（或回）教，更進一步混稱天山各種部族為「回人」，至今猶稱奉天方教者為「回族」。羽田亨云：「回教」係因回紇人最先信奉而得名[133]。立說最為得當。林幹以為「當時所謂回回，係指大食國，即現今的波斯及阿拉伯而言」，又引《正字通》云：「回回是大食種」[134]，實未能追溯其原義。

回紇與突厥世仇，可從古突厥文碑見之。突厥內部歷次亂事，回紇幾無不為積極參與。但兩族之語言，差異極少（據伯希和說）。當武后初，突厥徙回漠北，回紇又嘗拔刀助唐，合謀突厥（參拙著《突厥集史》卷八）。後來回紇破敗，一部來投，居甘、涼間，一部仍為突厥所役屬，此點最宜分辨清楚。

天寶初，其酋骨力裴羅（即闕毗伽可汗，《唐歷》及《新書》二一七上，倒為毗伽闕可汗或骨咄祿毗伽闕可汗）擊殺突厥之烏蘇米施可汗，兼併漠北，唐封為懷仁可汗（《舊書》誤以英武

---

[133] 《西域文明史概論》88頁。
[134] 《新建設》第41期41～44頁及第42期45～48頁〈試論回回民族的來源及其形成〉。林氏曾言：「若謂回回民族組成中含有突厥族，那到是可能。」又「因此回回在其形成為一個民族的過程中，自不免摻入許多漢族。」按伊斯蘭教傳入我國，其範圍是逐漸擴大的，在距今三百年前，其組成中摻入某些漢族，當然尚易辨別，故順治四年甘撫張尚列舉為纏頭回、紅帽回、輝和爾、哈拉回、漢回等數種，意義本甚明白。林氏卻認為彼時不合用「漢回」二字，則對於彼分析回回民族來源的本意，反覺有所矛盾矣。

威遠毗伽可汗為闕毗伽可汗），其全銜應為登里囉沒蜜施‧頡翳德蜜施‧毗伽可汗，天寶六年卒。

子磨延啜立，擊破西北邊之拔悉密（Basmil）及三葛邏祿。遇祿山叛，請助討，自率兵與郭子儀合擊同羅突厥（即祿山部下自長安逃赴朔方者），破之榆林河上（至德元年）。遣太子葉護將四千騎至鳳翔，肅宗命廣平王俶與約為兄弟，率朔方、回紇、大食等軍收復長安（至德二年）。回紇繼隨子儀追賊，破於陝州之新店，慶緒大懼，棄洛陽走河北。回紇大掠東都三日，意猶未盡，耆老復以繒錦萬匹賂之，乃止。既而護葉還長安，請自歸取馬掃范陽餘孽，帝令歲遺回紇絹二萬以報之（均至德二年）。隔年（乾元元年），磨延啜請婚，帝妻以幼女寧國公主，是為破格之例（唐代前所外降者皆宗室或外戚子），並冊為英武威遠毗伽可汗，其本國全銜曰「× 登里囉汨沒蜜施‧頡咄登（？）密施‧合俱錄 ×」，尋卒。國人欲以寧國殉葬，公主拒之，後以無子得還。

繼位者少子牟羽可汗。寶應元年秋，受史朝義所誘，方率兵向闕，遇唐使告知代宗即位，時兵已過三城（即三受降城），見州縣丘圩，有輕唐之意。上亟遣藥子昂往迎勞，遇於忻州南，又令僕固懷恩（九姓鐵勒人，其女為可汗之可敦「qatun」）往見之，乃允助討朝義。回紇欲入自蒲關（即蒲津關），由沙苑（同州馮翊縣南）出潼關東向，子昂阻之，請自土門（井陘）

第三章　外族侵擾：邊疆的衝突與衝擊

略邢、洺、懷、衛而南，不可。又請自太行南下扼河陰，亦不可。乃請自陝州大陽津度河，食太原倉粟，回紇從之。詔以雍王適為天下兵馬大元帥，會師進討。回紇辱雍王，率左右廂兵馬使藥子昂、魏琚、判官韋少華、行軍司馬李進，各鞭一百，琚、少華均死。既而會同諸道兵進攻，復收洛陽。回紇兵大掠，人皆遁保聖善、白馬二寺，回紇焚之。屠殺萬餘人，可汗留營河陽三月，乃去。唐於是（廣德元）冊為「登里羅汨沒蜜施・頡咄蜜施・合俱錄（英義建功）毗伽可汗」。永泰初，懷恩反，誘回紇、吐蕃入寇，會懷恩死，二虜不和。子儀自叩回紇營，與其帥握手（握手如平生歡，見《後漢書》），讓其背約。回紇請擊吐蕃以報。子儀取酒共飲，回帥請設誓。子儀酹地曰：「大唐天子萬歲！回紇可汗亦萬歲！兩國將相亦萬歲！（互祝之詞，與近世歐俗同）有負約者身隕陣前，宗族滅絕。」於是與回紇合擊吐蕃，大破之。然其人留京師者往往倚仗功績，橫行無忌。大曆十三年，入寇太原，河東節度鮑防與戰，不利，死者萬餘。及德宗立，可汗又納九姓胡之言，欲悉師向塞，宰相頓莫賀達干（ton bagha tarqan）持不可，弗聽。莫賀怒，因擊殺之而自立，並誅其支黨及九姓胡幾二千人，建中元年（西元780年），冊為武義成功可汗。

　　先是，回紇來者常參九姓胡，往往留京師至千人，居貲殖產甚厚。值其酋長還國，逗留振武三月，耗供給甚巨，軍使

張光晟訶知其暗中用囊裝女子而出,而勒兵盡殺回紇及群胡,收駝馬數千,繒錦十萬,送女子還長安,可汗雖知之,卒未責償。貞元三年,來請和親,德宗積舊憾,初欲不許,繼納李泌言,妻以八女咸安公主。四年,可汗上書自稱子婿,願以兵助除吐蕃,又請改「回紇」為「回鶻」,於是加冊為汨咄祿(qutluq,莊嚴幸福)長壽天親毗伽可汗,隔年卒(西元 789 年)。

以後國更數主,貞元十一年(西元 795 年)奉誠可汗卒(即汨咄祿毗伽可汗),無子,國人立其相跌骨咄祿為可汗,即登里囉羽錄沒蜜施・合・汨咄祿・胡祿・毗伽可汗(胡祿音 ulugh,神聖),唐稱懷信可汗,永貞元年卒(西元 805 年)。

繼位者曰保義可汗,中文全銜為「愛・登里囉・汨沒蜜施・合・毗伽可汗」(愛即 ai 之音譯,義為月神)[135],據此可汗之漢文聖文神武碑,其在位時為回紇極盛之世。曾北擊堅昆,殪其可汗;西收北庭,越大患鬼媚磧;吐蕃攻圍龜茲,汗自領兵赴援,敗吐蕃兵於於術[136];西方某族不貢,汗復征之,遂北至真珠河,俘掠無數;又進攻葛祿,西追至拔汗那國;此其大較也。元和三年,來告咸安公主喪。既而屢請婚,有司度費當五百萬,憲宗方內討叛藩,不允。及元和末,始許以太和

---

[135] 據田阪興道氏言,回紇可汗銜之常為「愛登里囉」(奉月神)或君登里囉(奉日神)係受摩尼教之影響。可汗銜之回紇文為 alpuinancubaghatarghantänridäülugbulmisalpuqutlughbilgäqaghan(見下注 139 引文)。

[136] 據沙畹氏言,於術在庫車與庫爾勒(Korla)之間。

第三章　外族侵擾：邊疆的衝突與衝擊

公主下嫁。長慶元年來逆女，納馬二萬，橐駝千。

上文所言漢文碑[137]，舊史未提及，清光緒十六年（西元1890年），芬蘭人 Heikel 始訪得之，文甚殘缺，今所據者為羅振玉《遼居雜著》校本。沙畹等人謂為保義可汗所立（《摩尼教考》24頁），殊有失當；考碑文言唐「×帝蒙塵」，上空二格，與稱其「天可汗」同，「俘掠人民」之民字缺末筆，則知碑為歌頌保義功德而立，其文由唐人撰書。碑陰以粟特文所記之年為馬年，由是可推定立於元和九年甲午（同上引書24頁）[138]。

回紇自有國以來，曾一度助唐收長安，兩復東京，殄滅朝義，除大曆十三年一役及後來亡國時外，未嘗擾唐邊，前後三尚帝主，明以前中國北鄰之最為親善者也。至於助唐牽制吐蕃，除前文所舉外，貞元六年[139]，其相頡於伽斯（國光榮之義），擬合北庭節度使楊襲古復取北庭，不幸大敗；七年，吐

---

[137] 全碑係以漢、突厥、粟特三種文字分撰，馮承鈞譯《摩尼教流行中國考》誤粟特為康居。（22頁）
[138] 據《新書》卷217上，永貞元年懷信可汗死，唐冊其所嗣為滕里野合俱錄毗伽可汗，元和三年死，唐冊新可汗為保義可汗（長慶元年死）。《通鑑》卷236～237及241，又《元龜》卷976及965略同。唯《會要》卷98則稱俱錄毗伽可汗死於元和六年（《元龜》卷965中，另一條目記敘相同，殆抄自《會要》），七年正月，唐另冊一可汗，其人死於元和十一年，是年十一月始冊立保義可汗，與《新書》、《通鑑》異。關於保義嗣位之年，《會要》斷不可信，據回紇可汗碑之粟特文紀年，保義嗣位，不可能晚於元和九（馬）年也。田阪興道疑保義嗣位在元和六年，並無他據。（同下注139引文617頁）司馬修《通鑑》，尚得見《憲宗實錄》，故從之。陳垣氏《摩尼教入中國考》謂可汗碑立於長慶間，亦誤。
[139] 涉六、七年事，《舊回紇傳》與《會要》卷98有衝突，可參看田阪興道〈中唐西北邊疆之情勢〉。（《東方學報》十一冊586～590頁）

蕃攻靈州,回紇敗之;十三年,回紇取涼州;元和十一年,吐蕃向漠北進攻,於時李絳曾言:「北狄、西戎素相攻討,故邊無虞。」(《李相國論事集》)憲宗末年,亦因吐蕃比歲為邊患,故許降公主。(《舊回紇傳》)惜肉食者無遠謀,卒不能與北鄰構築有計畫之密切合盟,以消弭西邊之大患。

第三章　外族侵擾：邊疆的衝突與衝擊

第四章

民變興起：百姓反抗與社會變革

第四章　民變興起：百姓反抗與社會變革

　　自古盜賊之起，國家之敗，未有不由暴賦重斂而民之失職者眾也。唐自玄、肅、代、德，暴斂已烈，然猶可勉強過活。入晚唐後，遍地虎狼，逃亡無所，其勢變成「官逼民反」，此所以一爆發而立即燎原也。

剝削加劇，百姓困苦不堪

開元之初，緣邊戍兵常六十餘萬，中間雖嘗罷遣二十餘萬（《通鑑》卷212開元十年），然不久後屢興戰役（東北、西北及西南）。安史之亂後，軍費更是大增。職是之故，不得不講求理財，理財又可分言論與方法兩項記之。據余所見，通李唐一朝，其言論可取者得二人焉。

（一）劉彤

北周之際，凡鹽池、鹽井，皆禁百姓使用，官賦其稅，隋開皇三年始罷之。（《隋書‧食貨志》及《通典》卷10）入唐後，諸州所造鹽鐵，每年雖有官課，但中央似不大過問。開元九年[140]，左拾遺劉彤上論鹽鐵表云：「……然而古費多而有

---

[140] 《通典》卷10：「開元元年十二月，左拾遺劉彤論上鹽鐵表曰，……遂令將作大匠姜師度、戶部侍郎強循……檢責海內鹽鐵之課。」《舊書》卷185下〈姜師度傳〉：「（開元）六年，以蒲州為河中府，拜師度為河中尹，……再遷同州刺史，……尋遷將作大匠，……明年，左拾遺劉彤上言。」又《會要》卷88：「開元元年十二月，河中尹姜師度以安邑鹽池漸涸，開拓疏決水道，置為鹽屯，公私大收其利，其年十一月五日，左拾遺劉彤論鹽鐵上表曰。」（《舊書》卷48〈食貨志〉十二月作十一月，餘同），三書所記年月，各有不同。首就《會要》論之，十二月在十一月之後，如果敘十二月於前，依照古人作文成法，似應云「先是十一月」，不應云「其年十一月」。再就《彤傳》言之，考《舊書》卷八，開元九年「正月丙辰（九日），改蒲州為河中府，置中都，……七月戊申（三日）罷中都，依舊為蒲州」。《通典》卷179：「開元九年五月，置中都，……六月三日詔停。」又《通鑑》卷212，置中都月日與《舊書》卷八同，唯罷中都在「六月己卯」（三日），合而參之，詔置中都應在九年正月（《元和志》一二作「元年五月」，《舊書》卷39及《新書》卷39作「八年」，《舊書》卷815下之「六年」，

第四章　民變興起：百姓反抗與社會變革

餘，今用少而財不足者，何也？豈非古取山澤而今取貧民哉。取山澤則公利厚而人歸於農，取貧民則公利薄而人去其業。故先王之作法也，山海有官，虞衡有職，輕重有術，禁發有時，一則專農，二則饒國，濟民盛事也，臣實為當今宜之。夫煮海為鹽，採山鑄錢，伐木為室，豐餘之輩也，寒而無衣，飢而無食，傭賃自資者，窮苦之流也，若能收山海厚利，奪豐餘之人，蠲調斂重徭，免窮苦之子，所謂損有餘而益不足。……然臣願陛下詔鹽鐵木等官，各收其利，貿遷於人，則不及數年，府有餘儲矣。然後下寬大之令，蠲窮獨之徭，可以惠群生，可以柔荒服。」(同上《會要》)其計畫之大致為：(1) 凡人民未獲國家許可，不得霸占公地、公物，以取豐富之利潤，此種獲利甚厚之事業，應歸國家專營及貿易。(2) 貧窮之民，宜免除徭賦，使其專心務農。(3) 如果貧民可以蠲免稅賦，則被壓迫之

與《通典》卷 10、《會要》卷八之「元年」，均錯誤無疑)，罷中都應在同年六月(《元和志》亦稱「至六月詔停」；《舊書》卷八誤推遲一月，故書作「七月戊申」)。亦《通典》卷 250 引韓覃〈諫作中都疏〉有云：「《禮記‧月令》曰，孟夏之月，無起土功，無聚大眾，昔魯夏城中丘，《春秋》書之，垂為後誡，今建國都乃長久之大業，犯天地之大禁，襲《春秋》之所書，奪人盛農之時。」似彼稱九年五月，置中都，亦大可信；殊不知定立計畫後未必立即動工，以事理推之，蓋詔置於正月，動工在夏月，《通典》亦未細考；況從狹義而言，五月非孟夏也。

言歸正傳，師度之拜河中尹，殆與詔置中都同時，《會要》卷 88 之「元年十二月」，應「九年二月」之衍誤。唯劉彤上表究在九年十二月(依《通典》)或十一月(依《會要》)，卻無法斷定。至《舊書》卷 185 下之「六年」，如改作「九年」，則下文之「明年」敘述便不合邏輯，因《會要》同卷又稱，十年八月十日已救師度不須巡檢鹽地，彤之表必定不是上於十年冬間也。

剝削加劇，百姓困苦不堪

民眾，自然望風依附。其言頗與近世主張國家收入主要依靠國營事業之理論相近，見解超出向負唐代理財盛名的劉晏之上。玄宗曾令姜師度、強循[141]等計會辦理，然最終因阻議者多，並未由中央收管。（同上《會要》）

劉彤「柔荒服」之見解，實即儒家所謂「王道」，如果善於體會及運用，何難化腐朽為神奇。

（二）陸贄

有中央統治之剝削，有貪官汙吏之剝削，更有豪門、地主之剝削，剝削愈多，人民愈苦，則反抗生焉。試觀陸贄論兼併之家，私斂重於公稅（見下文），又李紳詩：「四海無閒田，農夫猶餓死。」知中唐以後，上層階級如何壓迫剝削，下層農民是何等困窮無告，即此一端，唐已步入必亡之道矣。茲節錄贄疏（《宣公集》卷22）於下方，所言雖仍不免受時代限制，然在當時能作此等話，稱為「民主經濟論」，不為過也。

國之紀綱，在於制度，商、農、工、賈，各有所專，凡在食祿之家，不得與人爭利。此王者所以節材力，勵廉隅，是古今之所同，不可得而變革者也。代理則其道存而不犯，代亂則其制委而不行；其道存，則貴賤有章，豐殺有度，車服、田

---

[141] 唐人寫「循」、「脩」兩字，頗難辨別，故他書或稱為「強脩」，參看拙著《元和姓纂四校記》418～419頁。

宅，莫敢僭逾，雖積貨財，無所施設，是以咸安其分，罕徇貪求，藏不偏多，故物不偏罄，用不偏厚，故人不偏窮，聖王能使禮讓興行而財用均足，則此道也。其制委，則法度不守，教化不從，唯貨是崇，唯力是騁，貨力苟備，無欲不成，租販兼併，下錮齊人之業，奉養豐麗，上侔王者之尊，戶蓄群黎，隸役同輩，既濟嗜欲，不虞憲章，肆其貪婪，曷有紀極，天下之物有限，富家之積無涯，養一人而費百人之資，則百人之食不得不乏，富一家而傾千家之產，則千家之業不得不空。……今茲之弊，則又甚焉。……且舉占田一事以言之，古哲王疆理天下，百畝之地，號曰一夫，蓋以一夫授田，不得過於百畝也。欲使人無廢業，田無曠耕，人力、田疇，二者適足，是以貧弱不至竭涸，富厚不至奢淫，法立事均，斯謂制度。今制度弛紊，疆理墮壞，恣人相吞，無復畔限，富者兼地數萬畝，貧者無容足之居，依託強豪，以為私屬，貸其種食，賃其田廬，終年服勞，無日休息，罄輸所假，常患不充，有田之家，坐食租稅，貧富懸絕，乃至於斯，厚斂促徵，皆甚公賦。今京畿之內，每田一畝，官稅五升，而私家收租，殆有畝至一石者，是二十倍於官稅也；降及中等，租猶半之，是十倍於官稅也。夫以土地，王者之所有，耕稼，農夫之所為，而兼併之徒，居然受利，官取其一，私取其十，穡人安得足食？公廩安得廣儲？風俗安得不貪？財貨安得不壅？昔之為理者所以明制度而謹經界，豈虛設哉。斯道浸忘，為日已久，故欲修整頓，行之實

難，革弊化人，事當有漸，望令百官集議，參酌古今之宜，凡所占田，約為條限，裁減租價，務利貧人，法責必行，不在深刻，裕其制以便俗，嚴其令以懲違，微損有餘，稍優不足，損不失富，優可賑窮，此乃古者安富恤窮之善經，不可捨也。

安、史發難，昔日財源既大大縮減，同時軍費日增，唐室自不得不多方設法以求應付。當時籌款方法，大約可分為六類如下：

1. 鹽

至德元年，第五琦拾劉彤之策，創立鹽法，就山海、井灶收榷其鹽，官置吏出糶，如舊業戶並遊民願為業者，使為亭戶，免其雜徭，隸於鹽鐵使，私煮者罪有差。(《舊書》卷123) 琦既貶死（上元元年），劉晏代之（寶應二年），法益精密。初歲入錢六十萬貫，季年逾十倍，大曆末，共計一歲徵賦總千二百萬貫，而鹽利過半。元和三年收入七百二十餘萬（《元龜》卷493）是為最高之數。（又《舊書》卷14稱，元和五年收賣鹽價錢六百九十八萬五千五百貫。唯《通典》卷10言「每歲所入九百餘萬貫文」，按《會要》卷87，元和「七年王播奏，去年鹽利，除割峽內井鹽，收錢六百八十五萬，從實估也」，九百餘萬或非實估之數，故而不同。）

劉晏之理財，計有三長：(1) 募疾足傳遞四方物價，其上下能於四、五日內知之，故食貨之價格高低，盡在掌握，使囤

第四章　民變興起：百姓反抗與社會變革

積者無所施其術。(2) 所任使多後進有才能者，故富朝氣而不敢為非。(3) 視事敏速，乘機無滯。

當日產鹽之區，約可分為三類：一曰散鹽，即海鹽，自幽州以南至嶺南沿海之地。二曰池鹽，河中府解縣池與陝州安邑縣池總謂之兩池，元和時歲收一百六十萬貫。(《元和志》卷12)靈州回樂縣有溫泉鹽池，懷遠縣有鹽池三所。(《元和志》卷四：「隋廢；紅桃鹽池鹽色似桃花，在縣西三百二十里。」[142])威州溫池縣有溫池。鹽州五原縣有烏池、白池。夏州有二鹽池，色青者曰青鹽，一名戎鹽，入藥用。(《元和志》卷四)豐州界有胡洛（落）池。三曰井鹽，成州長道縣有鹽井。劍南之陵、綿、資、瀘、榮、梓、遂、閬、普、果十州[143]共有鹽井九十所。

元和六年，戶部侍郎盧坦奏，河中兩池顆鹽只許於京畿、鳳翔、陝虢、河中、澤潞、河南、許汝等十五州界內糶貨，近來因循，兼越興元、洋、興、鳳、文、成等六州。臣移牒勘

---

[142] 據1953年4月25日《南方日報》，寧夏省政府東自黃河岸石嘴山起，築公路長三百里，西至阿拉善旗蒙族自治區巴音烏拉山下之吉蘭泰鹽湖，湖周約一百六十里，有深達五尺的鹽層，殆即唐代懷遠縣鹽池。關於吉蘭泰鹽池，可參《蒙古游牧記》卷11。

[143] 鞠清遠著《唐代財政史》引《元龜》卷493有梁州、無果州（58頁）；按梁州即興元府，不屬劍南，「梁」是「果」之訛。又本文鹽井之數，係據《通典》卷10；《新書》卷54，則言黔州井四十一，成、巂各一，果、閬、開、通一百二十三，邛、眉、嘉十三，梓、遂、綿、合、昌、渝、瀘、資、陵、榮、簡四百六十，合散得六百三十九，與《通典》相差甚遠。

責,得山南西道觀察使報,其果、閬兩州鹽不足供給當地,若兼數州,自然闕絕,今請將河中鹽放入六州界糶貨。(《會要》卷88)此為後世劃分引岸之始基[144]。

2. 茶

茶飲至中唐而盛(玄宗時毋煚著〈伐飲茶序〉,代宗時陸羽著《茶經》)。貞元八年水災,詔令減稅,諸道鹽鐵使張滂籌抵補之法,因請於出茶州縣及茶山外商人要路,委所由定三等時估,十分稅一,是為茶屬專稅之始。自此,每歲得錢四十萬貫。(《會要》卷84。唯《陸宣公集》卷22言,歲約得五十萬貫)大和九年,從王涯議,設榷茶使,由官收茶自造作,旋即罷之。(《元和志》卷28言,饒州浮梁每歲出茶七百萬馱,稅十五餘萬貫)代宗以後,尚茶成風,回紇入朝,始驅馬市茶,是為中國茶葉外銷漠北之始。(《新書》卷196〈陸羽傳〉)又建中二年,常魯使吐蕃,贊普以壽州、舒州、顧渚(今長興)、蘄門(應即今之祁門)、昌明(川茶名)、湖(今岳陽)各茶出示,(《國史補》下)而知此時茶飲已傳入吐蕃。

3. 酒

北周之末,曾置酒坊收利。(《隋書·食貨志》)唐至廣德二年,始敕諸州各量定酤酒戶,隨月納稅,大曆六年又分酒店

---

[144] 關於鹽之專賣,可參鞠氏著作56～64頁。

第四章　民變興起：百姓反抗與社會變革

為三等，建中元年罷之。三年，初榷酒，悉令官釀，每斛收直三千，米雖賤不得減二千，委州縣綜領，唯京畿免榷。貞元二年，並推行於京兆，每斗榷酒錢百五十文，然亦有榷麴而不榷酒之地方。大和末稅收約百五十六萬餘緡，釀費居三分之一。[145]

4. 青苗錢及地頭錢

廣德二年，百司俸料不給，初令諸州徵青苗錢，每畝十文，大曆三年更加五文，候苗青即徵之，故名青苗錢。又有地頭錢[146]，每畝二十文，共約得錢四百九十萬貫。(《舊書》卷11，永泰二年之數)

5. 借商錢

北齊武平時，料境內六等富人，調令出錢(《隋書・食貨志》)此借商錢亦見於六朝者。肅宗初，遣御史分赴江淮、蜀漢，籍豪商富戶家資，所有財貨畜產，十收其二，謂之率貸。(《通典》卷11)建中三年，兩河用兵，月費百餘萬緡，府庫不支數月，韋都賓等建議，貨利所聚，皆在富商，請括富商出萬緡者，借其餘以供軍。於是試行於京師，約罷兵後以公錢還，

---

[145]　榷酒法之變革，可參鞠氏書70～74頁。
[146]　《通鑑》卷223胡注據宋白引大曆五年詔：「自今以後，宜一切以青苗錢為名。」鞠氏書沿之；(19頁)可是大曆八年正月制仍稱青苗、地頭，(《制詔集》卷14)長慶三年元稹奏(《長慶集》卷38)及會昌三年七月制，又只見地頭錢之名。

計借商及括僦櫃（即今之質庫、當鋪）[147]質錢共得二百萬緡。（《通鑑》卷 227）論者多責其苛擾，試問此種做法，比諸同年稅錢每千增二百，鹽每斗價增百錢，其苛擾之廣狹為如何也。一家哭何如一路哭，持論者乃見不及此。唐末仿行者有乾符五年太原借商人助軍錢五萬貫文，（《唐末見聞錄》）又廣明元年度支以用度不足，奏借富戶及胡商貨財，敕借其半，高駢奏盜賊蜂起，皆出飢寒，獨富戶、胡商未耳，乃止。（《通鑑》卷 253）

6. 屋間架稅及除陌錢

　　建中四年，判度支戶部侍郎趙贊奏設兩種雜稅：（甲）屋間架稅，即今之房屋稅。凡兩屋謂之一間，屋分三等：上等每間出錢二千，中一千，下五百，隱匿一間者杖六十，告者賞錢五十貫，取於犯家。（乙）除陌錢，約與今印花稅相似。東晉貨賣牛馬、田宅，有文券者，率錢一萬輸估四百；無文券，亦百文收四，名為散估。唐舊制公私給與、貿易率一貫稅二十，至是增為五十（即百分之五），凡給與他物或兩換者，約錢為率算之。市牙各給印紙，人有買賣，隨自署記，翌日合算；有自

---

[147] 加藤繁〈唐宋櫃坊考〉謂僦櫃即《乾饌子》之櫃坊，賃其櫃以藏金銀財物而付保管費，與質庫異，辨《通鑑》胡注之誤。又認《霍小玉傳》之寄附鋪即櫃坊。（《師大月刊》第 2 期）按吾縣舊俗質庫建築頗固，除質當外，亦代人保管財物而收費，想中古時亦兩者兼營，無專立一業之必要，此可參照近世銀行而知。佐野以為是農民賣農產的所得稅，（同前引書 230 頁）非也。

第四章　民變興起：百姓反抗與社會變革

貿易不用市牙者，給其私簿，無私簿者投狀自集。其有隱錢百者罰二千，杖六十，告者賞十千，出於犯家。行不數月，遇興元元年正月朔大赦，悉予停罷[148]。同時，贊又請置大田，收天下田十分之一，擇其上腴，樹桑環之，名曰公田、公桑，自王公至庶人按差等助耕，收穀、絲以補公用，旋自認非便，遂寢不行。

徵課之色目既增，收入之數自應大進，而事實卻又不然。李吉甫《元和國計簿》稱，元和兩稅、榷酒斛、鹽利、茶利總三千五百一十五萬一千二百二十八貫石，比較天寶所入賦稅，計少一千七百一十四萬八千七百七十貫石（《通鑑》二三七胡注據宋白轉引）。因實物單位不同，糅合互加，實際本無從比較，今姑如所言計之，建中初之收入，總計四千七百五十五萬五千餘貫石，是元和初期不僅少於天寶，且比建中少一千二百餘萬貫石。

推原其故，則由於地方官假公款以為進奉，進奉入宮內數目愈多，斯入公款用於度支者愈縮。代宗生日，臣工有獻，是其開端。德宗宮內頗事奢靡，相傳每引流泉，先於池底鋪錦（蔡絛《西清詩話》引李石《開成承詔錄》）。及朱泚既平，尤屬意聚斂，常賦之外，進奉不息；韓滉獻羨錢五百餘萬緡（貞元二年），節度使韋皋有月進（據《國史補》，《舊書》卷48作日

---

[148]　鞠著以為除陌錢一項只是停止加算，(99頁)是也，可參看。

進),觀察使李兼有月進,諸使杜亞、劉贊、王緯、李錡皆以常賦入貢,名為羨餘。至代易時,又有進奉,常州刺史裴肅鬻薪炭案紙為進奉,得遷觀察;宣州判官嚴綬假軍府為進奉,召補刑部員外,直是賣官鬻爵之變相矣。

順宗即位,罷諸粃政。憲宗繼體,旋又復舊,度支鹽鐵諸道,貢獻尤甚,號助軍錢,賊平則有賀禮及助賞設物,群臣上尊號則獻賀物。(《新書‧食貨志》)此外,如王鍔自淮南入朝,厚進奉,山南西柳晟、福建閻濟美違敕進奉(均元和三年),河東王鍔進家財三十萬緡(元和五年),皆彰彰在人耳目。代宗時,常衮曾言,「節度使非能男耕女織,必取之於民」,取之什而供其二三,唐帝視之,已有受寵若驚之勢。換言之,即教下使貪也。由是而吏治益不可清,財政益不能理,民生益不得不困,唐行於自殺之道,此又其一端矣(市舶使之收入,亦歸宮中,下文再言之)。

再推而下之,地方官吏、土豪、富戶之剝削,益不可勝計。此外更有因錢幣價漲,不加調整,使民間負數倍之損失者;如李翱元和末〈疏改稅法〉云:「建中元年初定兩稅,至今四十年矣,當時絹一匹為錢四千,米一斗為錢二百[149],稅戶

---

[149] 同集卷三,〈進士策問第一道〉又云:「初定兩稅時,錢直卑而粟帛貴,粟一斗價盈百,帛一匹價盈二千,稅戶之歲供千百者不過粟五十石、帛二十有餘匹而充矣。……及茲三十年,……而其稅以一為四。」首先須說明者此文內之兩個「千百」,均應倒正為「百千」,與疏內之「十千」文例相同,猶云「百貫」(粵俗舊亦呼「百貫」為「百千」)。再以粟斗價百、帛匹價二千與應納實物相互勘

第四章　民變興起：百姓反抗與社會變革

之輸十千者為絹二匹半而足矣。今稅額如故，而粟帛日賤，錢益加重，絹一匹價不過八百，米一斗不過五十，稅戶之輸十千者為絹十有二匹然後可。……假令官雜虛估以受之，尚猶為絹八匹，乃僅可滿十千之數，是為比建中之初為稅加三倍矣。」（《李文公集》卷九）耕地面積相同，隔三、四十年，生產也不會增多，納實物卻增三、四倍，折徵卻不隨幣值升降，民困乃如水益深、如火益熱矣。

農民階層的壓迫與反抗之路

《唐鑑》卷22云：「君為聚斂刻急之政，則其臣阿意希旨，必有甚者矣，故秦之末，郡縣皆殺其守令而叛，蓋怨疾之久也，唐之盜賊尤憎官吏，亦若秦而已矣。」又云：「自古盜賊之起，國家之敗，未有不由暴賦重斂而民之失職者眾也。」彼所謂「盜賊」，概言之，則反對統治階級嚴重剝削之農民也。唐自玄、肅、代、德，暴斂已烈[150]，然猶可勉強過活。入晚唐後，

合，價目之數字，並無錯誤。但與疏文之絹匹四千、米斗二百之價相比，則價值較廉一半；可是此兩段文字均指建中初定兩稅時之物價，差異不應若此懸殊，故知其中任一必誤，茲以疏上在後，故從疏說。

[150] 《佛祖統紀》卷39引宋理宗時良渚云：「諸以《二宗經》……不根經文傳習惑眾者以左道論罪，二宗者謂男女不嫁娶、互持不語、病不服藥、死則裸葬等，不根經史者謂……《大小明王出世經》、〈開元括地變文〉，……」向達云：〈開元括地變文〉則當是唐代俗講話本之支與流裔。」（《燕京學報》卷16期〈俗講

遍地虎狼,逃亡無所,其勢變成「官逼民反」[151],此所以一爆發而立即燎原也。

農民生產大宗為糧食,藉以供賦役需索者亦為糧食,唐代米價升降之差額甚巨,茲將貞觀中迄元和末見於著錄者依年次記之[152]。

年分	每斗價	依據
貞觀三年	三、四錢	《貞觀政要》卷1
八、九年	四、五錢	《通典》卷7
十五年	兩錢	同上
永徽五年稔	十一錢	《通鑑》卷199,洛州秔米價
麟德三年	五錢	《通典》卷7
永淳元年京師饑	四百錢	同上
景龍三年饑	百錢	《通典》卷209
開元十三年青齊	五錢	《通典》卷7

考)但未言明「開元括地」之意義。嘗考開元十二年聽宇文融之計,遣判官多人分往各道,檢責剩田,於是括得客戶凡八十餘萬,田亦稱是。(《會要》卷85)當封建時代遇此非常機會,吏豪必趁機為奸,橫加欺剝,民怨騰沸自在意想中,〈開元括地變文〉諒係對此作不平之鳴,與統治階級對抗,故易代而猶遭禁絕也。括地之義,與括田無殊,惜未得其片詞以與拙見相互佐證。

貞元二十年,關中大歉,京兆尹李實奏不旱,由是租稅不免,人窮無告,乃撤屋瓦木、賣麥苗以供賦斂。優人成輔端因而戲作語云:「秦地城池二百年,何期如此賤田園,一頃麥苗五碩米,三間堂舍二千錢。」凡如此語有數十篇,實以為誹謗,德宗遽令杖殺。(《舊書》卷135)

[151] 語見《郎潛紀聞》卷五。
[152] 同一年內有兩個以上不同之價格,則取其較高者。

第四章　民變興起：百姓反抗與社會變革

年分	每斗價	依據
兩京	二十錢以下	同上
二十八年稔兩京	二十錢以下	《舊書》卷9（《通鑑》卷214）
天寶四年敦煌	（每斗估）[153] 二十七～三十二錢	《敦煌掇瑣》卷3〈天寶四年官帳〉
五年	十三錢	《新書》卷51
青齊	三錢	同上
十二年	白米一百錢	《沙州文錄補》
乾元元年	七千錢	《舊書》卷48，受錢幣影響
三年饑	一千五百錢	同上卷10
廣德元年蟲	千錢	同上卷37
溫州饑	萬錢	《太平廣記》卷337
二年關中蟲、雨	千餘錢	《通鑑》卷223
永泰元年旱	一千四百錢	《舊書》卷11
二年	五百錢以上	《元次山文集》卷7
大曆四年京師雨	八百錢	《舊書》卷37
五年京師饑	千錢	同上卷11
六年旱	千錢	同上
建中初	二百錢[154]	《李文公集》卷9

[153] 原「斗」字劉復氏俱誤作「升」，此可以其估價相乘而確知。
[154] 參岑仲勉《隋唐史》〈唐史〉第四十節。又《舊書》卷49云：「自兵興以來，凶荒相屬，京師米斛萬錢。」不知專屬何年，故不列入。

年分	每斗價	依據
興元元年關中	千錢	《通鑑》卷 231
貞元元年河南河北	千錢	《舊書》卷 12
二年	千錢	同上
河北蝗旱	一千五百錢	《舊書》卷 141
三年稔	一百五十錢	《通鑑》卷 232
八年淮南	一百五十錢	《陸宣公集》卷 18
元和四年	二十錢	同上
六年年豐	二錢	《通鑑》卷 238
元和末	五十錢	《李文公集》卷 9[155]

除開乾元元年特受錢幣影響及廣德、溫州兩例外，因豐歉而米價升降，其差額竟達七百五十倍之多（即二錢與一千五百錢之差距）。之於普遍看法，固以豐年為盛事，然穀賤傷農，所入或不足以供賦役之需索[156]；反之，農民經過多方剝削，餘糧有限，米價踴貴，更只有坐而待斃，正有類於啼笑皆非也。張籍〈野老歌〉：「歲暮鋤犂傍空室，呼兒登山取橡實，西江賈客

---

[155] 可參看全漢昇〈唐代物價的變動〉（《史語所集刊》十一本）。如咸通九年，龐勳在徐州起事時，旬日間米斗直錢二百；（《通鑑》卷 251）中和二年，黃巢占京師時，米斗三十千；（《舊書》卷 200 下）光啟二年三月，荊襄仍歲蝗，米斗三十千；（《會要》卷 44）同年秦宗言圍荊南二年，城中米斗四十千；（《南楚新聞》）三年揚州大饑，米斗萬錢；（《舊書》卷 35）同年十月楊行密圍揚州，城中米斗五十千。（同上卷 182）則若有特殊狀況，其價格不可以常理論。

[156] 清吳廷琛〈豐年謠〉：「米足無如不值錢，半年艱苦更誰言，卻憶凶年乏食猶得蒙哀憐。」（《粟香五筆》卷五）正穀賤傷農之絕好注腳。

第四章　民變興起：百姓反抗與社會變革

珠百斛，船中養犬常肉食。」正為勞苦農民與富商大賈之強烈對比。李紳〈詠田家〉詩云：「鋤禾日當午，汗滴禾下土，誰知盤中飧，粒粒皆辛苦。」(《雲溪友議》卷一)[157]聶夷中詩云：「二月賣新絲，五月糶新穀，醫得眼前瘡，剜卻心頭肉。我願君王心，化為光明燭，不照綺羅筵，只照逃亡屋。」(《唐摭言》)又韋莊〈秦婦吟〉云：「歲種良田一百，年輸戶稅三千(？十)萬。」[158]不顧農民辛苦而剝削如此嚴重，焉能不出現大崩潰。咸通八年，懷州民訴旱，刺史劉仁規揭榜禁之。十年，陝州民訴旱，觀察使崔蕘答以樹猶有葉，訴旱猶不可，他復何言。

當安史之亂時，江淮間即發生白著激變：緣元載為租庸使，以江淮雖經兵荒，比諸道猶有資產，乃按籍舉八年租調之違負及逋逃者，計其大數而徵之，擇豪吏為縣以督收，不問負之有無，資之高下，察民有粟帛者發徒圍之，籍其所有而中分之，甚則什取八九，謂之白著。不服則威以嚴刑，民或蓄穀十斛，便重足待命，或相聚山澤以抗。高云〈白著歌〉云：「上元官吏務剝削，江淮之人多白著。」(《通鑑》卷 222 胡注)即指此事。其臺州首領袁晁(《新書》卷六作袁量)攻陷浙東諸州，改元寶勝，民疲於賦斂者多歸之，又取信、溫、明三州，聚眾近二十萬；廣德元年四月，始為李光弼部將所平。(同上《通鑑》)

---

[157]　何光遠《鑑誡錄》卷八同，唯《摭言》誤為聶夷中詩，夷中為咸通十二年進士。
[158]　字書無「十」字。三千萬即三萬貫，數目過大，「千」當「十」訛，三十萬即三百貫，已萬萬非農民所能負荷矣。

其次，蓬果二州界之雞山民軍（大中五年）、湖南衡州之鄧裴（六年），都嘗與官軍對抗。（《通鑑》卷249）末年（十三），乃有以裘甫[159]為首領之浙東起義。

甫初時只有眾百人，攻占象山，隔年正月，敗浙東軍，取剡縣，開府庫，募壯士，眾至數千。觀察使鄭祗德率益兵來，大敗。甫募眾至三萬，分為三十二隊。甫自稱天下都知兵馬使，改元羅平，鑄印曰天平，大聚資糧，購良工、治器械，聲震央原。朝命王式代祗德，授以忠武[160]、義成、淮南等諸道兵。甫之帥劉暀主張急引兵取越州，循浙江築壘以拒，大集舟艦，得間則長驅進取浙西，掠揚州貨財，還守石頭，別遣萬人循海襲閩，甫不用。式既至浙，甫別部有降者，餘部力戰，亦連敗，甫走入剡，式軍圍之，甫部勇甚悍，其女軍亦乘城擲礫以中人，三日凡八十三戰，欲突圍不克，遂與暀等同被擒，時咸通元年六月也。別帥劉從簡乘官軍少弛，率壯士五百衝出，入大蘭山（在今奉化），逾月亦被破滅。《玉泉子見聞錄》曰：「初甫之入剡也，雖已累敗，向使城守，期歲未可平也。」當日甫不聽暀言，固為失策，然若能依王輅「擁眾據險自守，陸耕海漁，急

---

[159] 《通鑑考異》卷22引《平剡錄》作裘甫，《東觀奏記》下作仇甫。
[160] 《通鑑》卷250下文有「又以義成將白宗建忠將游君楚，……」胡注云：「唐無建忠軍，按此時發忠武軍從王式，史逸武字也，白宗建，人姓名。」按王丹岑《農民革命史話》稱：「……與義成將白宗、建忠將游君楚，……」又「是忠武、建忠、義成、淮南、宣歙、浙西六鎮的大兵」，（192～193頁）只看節本之《紀事本末》，連《通鑑注》都不暇看，憑空造出一個「建忠鎮」，可謂疏忽之至。

第四章　民變興起：百姓反抗與社會變革

則逃入海島」，如清代之蔡牽，猶足以自存。乃忽略後門，部隊駐寧海東者不虞式之水軍遽至，各走山谷，棄其船隻，失敗之機漸深。但使固守城池，如《玉泉子》所云，猶有扭轉殘局之一線希望，顧竟輕身外出，束手就擒，斯不能不咎其計略之疏也。

聲勢更大者為徐州戍卒。先是，咸通四年（西元 863 年）南詔陷安南[161]，在徐泗募兵二千赴援，內分八百戍桂州，約三年一代，至是已六年，屢求代還，徐泗觀察使崔彥曾[162]又擬再留一年，戍卒聞之，怒。九年（西元 868 年）七月，都虞候許佶等殺都將王仲甫，推糧料判官龐勛為都頭，奪庫兵，統五百人[163]北還，掠湘潭、衡山，八月，朝遣高品[164]張敬思赦其罪，於是荊南[165]節度崔鉉嚴兵守要害，勛乃泛舟沿江東下。佶等相與謀曰：朝廷之赦，慮緣道攻劫或潰散為患耳，若至徐

---

[161]　《通鑑》卷 251 敘戍卒事，原作「初南詔陷安南」，胡注云，「見上卷四年」；《革命史話》竟作「起於西元 860 年（咸通元年）南詔的入寇邕州」（195 頁），以四年為元年，一誤也，以安南為邕州，二誤也。而且《史話》下文亦稱「他們在桂州戍守了六年」（196 頁），試問由元年至九年何止六年？

[162]　《革命史話》誤為「徐彥曾」。（196～197 頁）

[163]　《史話》云：「於是就激起八百戍卒的憤怒。」又「八百壯士完成了數千里的長征。」（196～197 頁）按八百僅初戍時數目，經過六年，由於死亡、逃走等原因，數目自然會減少，故《通鑑》於北還時並未明著八百。《舊書》卷 19 上稱，「徐州赴桂林戍卒五百人官健許佶、趙可立殺其將王仲甫」，當較可信，茲從之。

[164]　《史話》於「監軍」下注云：「指高品、張敬思，」（196 頁）似以「高品」為人姓名，殊易誤會。胡注云：「《新書・百官志》，內侍省有高品一千六百九十六人。」如《通鑑》下文：「遣高品康道偉齎敕書撫慰之。」又《舊紀》卷 19 上：「今差高品李志承押領宣賜。」皆是宦官銜稱。

[165]　《通鑑》作「山南東道」，《方鎮表》五以為荊南之誤，是也；徐軍北還，荊州應首當其衝。

州，必葅醢矣。各出私財造甲兵、旗幟，過浙西，入淮南，有眾至千。十月取宿州，悉聚城中貨財，令百姓取之，然後選募為兵，得數千人，彥曾遣三千人來攻，全數覆沒。勛進攻徐州，對城外居民，無所侵擾，由是人爭為助，遂陷城。遣徒四出，於揚、楚、廬、壽、滁、和、兗、海、沂、密、曹、濮等州界剽奪牛馬，輓運糧糗，招致亡命，有眾二十萬，其人皆舒鋤為兵，號曰霍錐，連克濠、滁、和數城。唐命康承訓為都招討使，沙陀朱邪赤心（後賜姓名李國昌）及吐谷渾、達靼、契苾酋長各帥其眾以隨，時勛部久圍泗州，招討使戴可師來救，勛部以計誘之，官軍幾全沒，承訓退屯宋州[166]。

勛既累勝，自謂無敵，日事遊宴，周重諫曰：自古驕滿奢逸，得而復失，成而覆敗者多矣，況未得、未成而為之者乎。於是參與桂州起義一輩，行尤驕暴，奪人資財，掠人婦女，勛不能制，勛復表求節鎮，士氣先餒。十年，承訓既增援，連敗勛軍，凡得農民皆釋之，於是驅掠而來者每遇官軍，多自潰散。加以內部猜疑（如勛殺孟敬文、梁丕殺姚周），精銳殘喪（姚周敗於柳子鎮、王弘立死於泗州、劉行及敗於濠州[167]），

---

[166] 《通鑑》卷 251 敘承訓退屯於先，可師覆軍在後，殊背於事理；《史話》於可師敗後，始言承訓退屯，（200 頁）正與拙見相同。
[167] 《史話》稱唐軍「攻克昭義、鍾離、定遠各縣，進兵圍攻濠州，切斷了濠州與徐州的聯絡。起義軍的南北兩個重心——徐州與濠州變成了彼此隔絕的孤城」。（205～206 頁，按昭義是招義之誤）《通鑑》云：「賊入（濠州）固守，（馬）舉塹其三面而圍之，北面臨淮，賊猶得與徐州通，龐勛遣吳迥助行及守濠州，屯兵北津以相應。」可知徐、濠交通並未切斷，王氏竟未讀清《通鑑紀事本

第四章　民變興起：百姓反抗與社會變革

反側睽離（下邳土豪鄭鎰[168]，以下邳降，蘄縣[169]土豪李袞以其縣降，朱玫以沛縣降，又保據山林之陳全裕亦降於承訓），及內側據點盡失，勳始欲西攻宋、亳，因實力不足而回兵，死於蘄縣（九月）。同時，張玄稔舉宿州降，並攻下徐州。唯吳迥固守濠州，至十月糧盡，突圍而死。

王仙芝領導農民起義

龐勳雖敗，各地農民起義，並不就此歇息，其面積日廣，聲勢亦日大。咸通十一年（西元 870 年）[170]，光州民逐刺史李弱翁；乾符元年（西元 874 年），商州民逐刺史王樞；五年（西元 878 年），農民陷朗、岳二州；六年，朗州人周岳陷衡州，石門蠻向瓌陷澧州，桂陽人陳彥謙陷郴州[171]；中和元年（西元 881 年），人鍾季文陷明州，臨海人杜雄陷臺州，永嘉人朱褒陷溫州，遂昌人盧約陷處州。史不絕書，而成果最顯著者當屬黃巢[172]與王仙芝一派。

末》也。
[168] 《史話》206 頁誤作鄭鑑；乾符四年詔，「鄭鎰、湯群之輩，已為刺史」，即其人也。
[169] 同上，誤作蘄。
[170] 《史話》誤為西元 871 年（咸通十二年）（201 頁）。
[171] 《通鑑》卷 253 誤作柳州。
[172] 此名由法國學者 Klaproth 以證推定。

王仙芝領導農民起義

　　黃巢自曹州起事，率領義軍，由北而南，復由南而北，轉戰十幾省（就現在言），取洛陽，下長安，所至如入無人之境，經過十年，才失敗自殺，乃中古民軍之最為突出者，舊、新《書》都為之特立專傳。所惜宣宗後宮中無實錄，五代、北宋三次修史（連《通鑑》計），雖極力蒐羅故事，仍感覺非常殘缺，不僅各書間互有異同，即在同書之內，亦常常出現矛盾，詳見下文。試就最簡單之人名言之，李孝章又作李孝昌，（《新傳》）黃鄴又作黃思鄴，（《新傳》及《通鑑》）王璠又作王播。（《通鑑》）如果盡信，便不難誤一為二。再論及年、月、日問題，更不易作左右袒，《新傳》之寫作，根本缺乏時間觀念。開篇揭出「乾符二年」之後，中間夾敘幾十件事，便云「時六年三月也」。換言之，作傳之宋祁，並未經過時序考證，只硬把所有事實，隨便納入此上下兩限之內，假使讀史者不了解其內容，以為敘述次序，代表事情發生之次序，因而據以評論，便違背當年之現實。更如涉及黃巢本人，忽而說其攻掠蘄、黃，忽而說其進破滑、濮，巢用兵雖然飄忽，仍須問其有無分身術之可能。簡言之，黃巢事蹟，異常躊駁凌亂，向來未經整理，如果不加以深入研究，刪訛去複，使得稍露真相，未免蔑視革命之史實。唯是人言龐雜，一國三公，取捨之間，苟不揭出主張，仍貽讀者以其誰適從之感。職是之故，本節附註乃多於正文數倍，亦欲效法司馬《考異》之美意也。今將王、黃二人事

第四章　民變興起：百姓反抗與社會變革

蹟，分作四項述之，除數處外，極力避免夾敘夾議之寫法，務求事實盡現，細大不捐，眾讀者各可運用判斷，得出理論。若如王丹岑之近著（《中國農民革命史話》210～243頁）往往改竄或杜撰史實，供其構成理論之根據，誠然期期以為不可者。

一、王仙芝初期事略

仙芝，濮州人，未起事之先，咸通十四年（西元873年）關東自虢至海受旱災，同年八月，關東河南大水。（《通鑑》卷252）又有謠言云：「金色蝦蟆爭努眼，翻卻曹州天下反。」（《舊傳》）乾符二年（西元875年）正月三日[173]，仙芝在濮州濮陽縣[174]起義，傳檄諸道，言吏貪賦重，賞罰不平，自稱天補平均

---

[173]　《舊傳》作乾符中，其下接敘乾符三年，《新傳》作「乾符二年」，《舊紀》作二年五月，《新紀》作二年六月。《通鑑考異》卷23云：「《實錄》，二年五月，仙芝反於長垣；按《續寶運錄》：「濮州賊王仙芝……檄末稱乾符一年正月三日，則仙芝起必在二年前，今置於（元年）歲末。」首應辨明者，《考異》卷24引文又作「乾符二年正月三日」，古人無以「元年」為「一年」之習慣，則今本《考異》卷23之「一年」，顯為傳抄之誤。何況乾符元年十一月五日庚寅冬至，始改元乾符，（《通鑑》卷252）在是年正月時，實際仍稱「咸通十五年正月」，仙芝焉能於十個月以前預知改元。故今以傳檄之日為起義之日。攻取濮州則依舊、新《紀》，推定於該年五、六月。《史話》以起義為元年十一月。（211頁）最近韓國磐〈黃巢起義事蹟考〉（《廈大學報》社會科學版1956年第五期，以下簡稱韓考）據乾符二年正月七日南郊赦書，有「勿令無路營生，聚為草賊」之語，判定在乾符元年。按「草賊」為通名，非專名。

[174]　《舊紀》卷19下：「濮州賊首王仙芝聚於長垣，其眾三千，剽掠閭井，進陷濮州。」（《新傳》、《通鑑》略同）唯《舊傳》稱「起於濮陽」；今考《隋書》及《舊書‧地志》，濮之長垣，已於開皇十六年改名匡城，開皇新設之長垣，又於大業初併入韋城，唐代並無長垣縣名稱，故從《舊傳》。

大將軍兼海內諸豪都統。(《續寶運錄》及舊、新《傳》)

黃巢，冤句人，少以販私鹽為事，善騎射，喜任俠，粗涉書傳，屢舉進士不第；是年夏[175]，聞仙芝起，與群從八人募眾數千以應，民之困重斂者爭歸之，數月之間，眾至數萬。(《新傳》、《通鑑》)

取濮、曹二州，進攻鄆州[176]，略沂州，平盧節度宋威擊走

---

[175] 《新舊唐書互證》卷四云：「新、舊《紀》書黃巢之始，皆在四年三月，相隔太遠，恐皆有誤。考《舊書‧黃巢傳》。尚君長弟讓以兄奉使見誅，據查牙山，黃巢、黃揆兄弟依讓(《新紀》，四年十一月，尚君長降，宋威殺之。《舊紀》在五年二月)，是黃巢之起，更在四年之後。《新傳》，巢與群從募眾數千人以應仙芝，帝使平盧節度使宋威與其副曹全晸數擊賊，敗之，拜諸道行營招討使(《新紀》宋威招討於三年二月，《舊紀》在四年三月，《通鑑》在二年十一月)，是巢之起，在威為招討之前。此一代大事所關，而草率如此，後之人何所取信哉。」按《通鑑》記巢起於二年六月，其「巢少與仙芝皆以販私鹽為事」一句，容易令人看作仙芝未起事之先，二人已經合夥(此句不一定是如此解釋)，今放在夏月，總不至言之過早。至於《舊傳》稱巢兄弟與尚讓共保嵖岈山，係指仙芝死後之事，並非巢到此時才與仙芝部相合，《舊傳》固然敘述欠明，趙氏亦過於拘泥。韓考〈大起義為何發生於山東〉一節，似乎受到地理決定論的影響。中古時所謂「山東」，指太行山以東，相當於唐之「河北」，並不等同於現在的「山東省」。許、滑、青、汴、兗、鄆、徐、泗都屬河南道之範圍，關東包括的區域更廣。而且由前文所舉，唐末起義散布各地，時代較前及聲勢較大之裘甫乃在浙東。竊謂黃巢出身鹽販，早就養成一種與政府對抗之堅忍勇氣，其能支持較久，領導者的影響不可忽視。

[176] 《舊紀》只稱濮州，《舊傳》曰「陷曹、濮及鄆州」，新《紀》、《傳》及《通鑑》均只稱濮、曹二州。今本《舊紀》五月又言，「鄭州節度使李種出兵擊之，為賊所敗。」《太平御覽》引作「乾符二年，王仙芝陷濮州，俘丁壯萬人，鄆州節度使李種出兵擊之，為所敗」。按鄆州節度別名天平，駐鄆州，濮州在其轄下，今本《舊書》「鄭」是「鄆」訛，「種」應作「種」(古童、重通寫，故可作鍾，董可作董)，已無可疑(參看拙著〈唐方鎮年表正補〉之「天平」、「義成」兩條目)。唯《通鑑》與《舊紀》異，其二年六月下稱，「天平節度使薛崇出兵擊之，為仙芝所敗」，沈炳震主張從《通鑑》，此事尚難論定。鄆在曹之東北，可信義軍曾進兵其地，唯並未攻占。

第四章　民變興起：百姓反抗與社會變革

之[177]。

乾符三年（西元876年），仙芝從沂州轉向河南[178]，逼潁、

---

[177]　見《新傳》及《通鑑》，《通鑑》敘在十二月下。
[178]　《通鑑考異》卷 24：「乾符三年七月，宋威擊王仙芝，破之。《實錄》，去年十二月，宋威自青州與副使曹全晟（亦作晟，見《二十二史考異》卷 55）進軍擊王仙芝，仙芝敗走；按仙芝若以去年十二月敗走，中間半年，豈能靜處？蓋實因威除招討使連之，其實仙芝敗在此月，不在十二月也。」把此事推算在三年七月，全出臆測，毫無根據。《舊紀》，三年「七月，草賊王仙芝寇掠河南十五州，其眾數萬」，當有一部分係七月以前之事（參下注179），司馬曉得仙芝不會安靜半年，同時，對於仙芝活動所需之時間，卻加以忽略。仙芝從沂州轉向西南，據《通鑑》本身所言，八月已到許州之陽翟，汝州之郟城，前後僅一月，謂已攻略過七、八州，比較其前後活動時間，亦不可信。況且《通鑑》二年十一月下，「群盜侵淫，剽掠十餘州，至於淮南」數句，實即前引《舊紀》三年七月及後引《舊紀》四年三月兩段之變相文字，今《通鑑》先於二年十一月揭出，顯與《舊紀》違背，試問有何信證？尤其錯誤者，《通鑑》於二年十二月書「王仙芝寇沂州」，三年七月書「宋威擊仙芝於沂州城下，大破之」，是仙芝圍攻沂州先後逾八月，此乃任何起義初期勢力未充之際，所應避免之錯誤，仙芝斷不至頓兵堅城。如曰一擊即去，中間六個月究作何事？「半年豈能靜處」之反質，正是請君入甕。何況《通鑑》下文即接著稱，「三年春正月，天平軍奏遣將士張晏等救沂州，還至義橋，……」假使非沂州已擊退仙芝，援兵何至抽回？試為反思，便甚明白。由此推之，《通鑑》三年七月接敘一段：「仙芝亡去，威奏仙芝已死，縱遣諸道兵，還青州，居三日，州縣奏仙芝尚在，攻剽如故，時兵始休，詔復發之，士皆忿怨思亂」正與三年正月天平回軍事件相互接合，必原來《補實錄》二年底之一節。司馬光唯知其一，不知其二，又率以己意武斷，割裂分隸，難乎其為信史矣。
《史話》一方面沒有意識到《通鑑》之錯誤，另一方面又構成自己的一套，敘事幾全與舊史（連《通鑑》在內）相互背違；（212～213頁）其書首言：「宋威為行營招討使，指揮平盧、忠武、宣武、義成、天平、淮南六鎮的大軍，……同時出兵四面包圍。」把唐軍之布置，渲染得井井有條；按二年十一月（此只據《通鑑》，參下注179），雖詔淮南等五鎮亟加討捕，然並無部署包圍之跡象。《史話》又言：「唐軍從八七五年七月出兵，圍剿了一整年，各路大軍疲於奔命，始終沒接觸到農民軍的主力，直到西元八七六年六月，宋威才會集了各鎮主力，在沂州城下與王仙芝打了一仗。東路的王仙芝雖說受到挫折；但西路的黃巢軍卻更加發展，連破了陽翟、郟城、陽武、汝州。」宋威與仙芝戰，即依《通鑑》說法，亦在七月，不在六月。早於二年五、六月，仙芝已敗天平李㟧，何嘗未有接觸？兗州（即沂海）節度齊克讓之出擊（見《舊傳》），《史話》

陳、宋,破許州之陽翟、汝州之郟城、鄭州之陽武。九月,下汝州,執刺史王鐐[179]。十月,南攻唐[180]、鄧,十一月,破復、郢[181]二州,十二月,攻隨、安、黃及申、光、舒[182]各

亦漏記。至陽翟等四地之攻取,史皆題仙芝名,王氏以屬黃巢,也未說明理由,不知從何處領悟出來。

[179] 《新傳》之「轉寇河南十五州」,純係抄前引之《舊紀》。考《舊紀》,四年三月下又稱,「青州節度使宋威上表請步騎五千,特為一使,……乃授威諸道招討草賊使,仍給禁兵三千,甲馬五百匹。仍諭河南方鎮曰:王仙芝本為鹽賊,自號草軍,南至壽、廬,北經曹、宋,半年燒劫,僅十五州,兩火轉鬥,逾上千眾,諸道發遣將士,同共討除,日月漸深,煙塵未息。……今平盧節度使深憤崔蒲,請行誅討,……今已授指揮諸道兵馬招討草賊使,……仍命指揮都頭,凡攻討進退,取宋威處分。」按《通鑑》二年十二月之記事,除寇沂州一節外,純《舊紀》此段之濃縮,然而比《舊紀》早了十五個月,故必先將唐朝諭河南方鎮之內容,分析清楚,方能決定威為諸道招討之年月。諭言「半年燒劫,僅十五州」,如認為發生於二年下半年,則各史料(連《通鑑》)都無此跡象,由此推論《通鑑》編入二年十二月,必不確切者也。到四年三月,距仙芝起事已逾一年半,且其攻略地點,距平盧甚遠,由此推論《舊紀》編入四年三月,同樣不可通也。唯《新紀》編入三年三月,可信《舊紀》係記載晚了一年,由此上推至二年秋間,大致為「半年」,相合者一。壽、廬、曹、宋即於此一時期內活動,相合者二。仙芝離沂州未久,加以威自請奮勇,故授為諸道招討,相合者三。更須聲明者,前注178所引《舊紀》,實即諭文之復出,所差只在三年七月,並改「逾七千眾」為「其眾數萬」而已。
《新》卷183〈鄭綮傳〉:「丐補廬州刺史,黃巢掠淮南,檄移橄請無犯州境,巢笑為斂兵,州獨完。」或是義軍過而不留耳。
依上文觀之,十五州並非全屬河南道區域。《舊紀》稱,七月「逼潁、許,攻汝州,下之,虜刺史王鐐」,《新紀》汝州陷於九月,單見於《舊傳》者有陳州,見《新傳》、《通鑑》者有鄭州;按《通鑑》,四年鄭畋奏賊往來千里,塗炭諸州,獨不敢犯崔安潛之境,安潛是時節度陳許,故《舊紀》亦只稱「歷陳、許、襄、鄧」。《通鑑》的記載較為可疑,於九月克汝州後,繼稱「陷陽武,攻鄭州」,又稱十月「南攻唐、鄧」,路途似乎相當迂迴,或者是先攻鄭而後西南入汝,否則攻鄭者為另一支隊。若《舊傳》將汝州陷落記為五年八月之後,其誤更無可疑。

[180] 《舊傳》訛作「襄」。
[181] 郢州今湖北鍾祥;《史話》以為「湖北江陵」,(214頁)大誤。
[182] 《史話》以為安徽懷寧(同上),據《韻編今釋》,應是潛山。

第四章　民變興起：百姓反抗與社會變革

州[183]，義軍所至範圍，大致上為現時河南之南部、湖北之東部

---

[183] 《舊紀》稱七月後，「遂南攻唐、鄧、安、黃等州」，而《舊傳》有「歷陳、許、襄、鄧」之語（「襄」應「唐」字之訛）。《新紀》稱，十一月陷鄂、復，十二月陷申、光、廬、壽、通、舒六州，《通鑑》同，胡注云「通當作蘄」，但《通鑑》下文別著蘄州。復按《新傳》稱，「轉入申、光，殘隋州，執刺史，據安州自如，分奇兵圍舒，擊廬、壽、光等州」（首句已著光州，末句「光」字當是複出），《新紀》獨無隋州，行書「隋」、「通」形似，「通」必「隋」之訛，非「蘄」之訛也。其次，諭河南諸鎮已稱「南至壽、廬」，如注 179 所證不誤，則是三年上半年以前事，《新紀》、《新傳》或許是強行插入，故闕疑不錄。隋、安、黃三州係依交通順序為先後，申、光偏於東北，或別隊所經。舒州最東，《新傳》所云「分奇兵圍舒」，頗近事理，故附於末。

將安、隨二州之事排在本年，尤須予以充足說明：(1)《舊紀》置攻安州於三年七月後，《新傳》置在圍舒前（均引見前文），《舊紀》又於四年三月下稱，「時賊渠王仙芝、尚君長在安州」，此皆安州陷三年之證。《通鑑》獨置安州陷於四年八月，未提原引處，故知《通鑑》不可信賴。(2)《新傳》之「殘隨州，執刺史」，係在據安州之前；唯《舊紀》稱四年「八（今本訛「七」，茲校正）月，賊陷隨州，執刺史崔休徵」，《新紀》亦稱四年「八月，黃巢陷隋州，執刺史崔休徵」，然《新紀》實本自《舊紀》，只嫌「賊」字無著落，故憑己念易為「黃巢」，此由四年八月巢不在南方，可映證得知。《通鑑》特著八月「乙卯」，仙芝陷隨，查證《朔閏表》三，是年八月己巳朔，月內無乙卯，由於《舊紀》有將三年事錯編入四年（如前引諭河南方鎮一事），又由於《通鑑》之紀日不合，所以認《新傳》為比較可信。再從地理形勢察之，仙芝既破復、鄂，為避免鄂州勢力，故迂回東北，經隨、安以入黃、蘄。如其不然，難道仙芝軍豈能飛越；據此數種原因，認定本年曾破隨、安，似屬無可非議之事。《史話》云：「唐朝的大軍，於九月集中河南，農民軍……在鄧州擊潰了李福的大軍，十月破唐州。」（同上）瀏覽《舊》、《新》兩書及《通鑑》，都無擊潰李福之記載，杜撰史實，殊失史家忠實態度。王氏屢用「大軍」字樣，殊不知李福遵照朝命，派出者不過步騎二千（見下文），未得為「大」，餘可類推，不復多辨。

《史話》又云：「十二月，轉攻申州、光州、壽州、廬州，並南攻舒州，沿江西進，包圍了州。」（同上，應作蘄）王氏編王、黃史話，除《通鑑紀事本末》外，竟無暇旁參他書，故對於當時實情，理解得十分不通透。仙芝主力當十二月時，係由隨州（今隨縣）東南，向安（今安陸）、黃（今黃岡）進攻，故同月即到達蘄州（今蘄春），舒州只是分兵（說見前）。就地勢而言，本是沿江東下，唯王氏不知參據《舊紀》、《新傳》，遂誤為破鄂、復後東出至舒州，再回軍西指而入蘄，不僅往返徒勞有違戰略，亦完全抹煞前人之紀錄也。

關於此段時期，唐廷如何對付民軍，《史話》有云：「增派……曾元裕為副招討使，統帥昭義、義成兩鎮大軍駐洛陽；忠武節度使崔安潛守許昌，山南東

王仙芝領導農民起義

及安徽之西部。

　　同月，仙芝攻蘄州，王鐐為仙芝致書蘄州刺史裴偓（《新傳》「渥」），偓開城迎降，並上表為之求官，朝只授以左神策軍押衙兼監察御史。報至，仙芝喜，巢大怒曰：始者共立大誓，橫行天下，今獨取官赴左軍，使此五千餘眾安所歸乎？請給我兵，吾不留此。因擊仙芝傷其首，眾亦喧噪不已。仙芝憚眾怒，遂不受命，大掠蘄州，並分所屬為兩部，以三千餘人從仙芝及尚君長，二千餘人從巢，各分道而去。（《新傳》及《通鑑》）[184]

道節度使李福分扼鄧州、汝南，……邠寧節度使李侃、鳳翔節度使令狐駐潼關，……兵力重點是集結在亳州、汴州、許昌、洛陽東西之線，來包圍汝州、鄭州間的農民軍。」（同上）如此敘述，令人覺得唐朝部署非常嚴密。但試查證王氏所專據之《通鑑》，則並非如此；《通鑑》云：「八月，仙芝陷陽翟、郟城，詔忠武節度使崔安潛發兵擊之，……又昭義節度使曹翔將步騎五千及義成兵衛東都宮。以左散騎常侍曾元裕為招討副使，守東都。又詔山南東道節度使李福選步騎二千，守汝、鄧要路。仙芝進逼汝州，詔邠寧節度使李侃、鳳翔節度使令狐選步兵一千，騎兵五百，守陝州潼關。」
《史話》將曹翔所統部隊易為元裕，且數不滿萬，並非大軍，誤一。陳許（即忠武）節度本治許州，非特命防守，誤二。邠寧、鳳翔只是合選步騎一千五百，派守潼關，非侃二人往駐，誤三。汴州為宣武所治，於史未見兵力集結之明文，如謂節度治地即兵力所在，則《史話》所舉，又有疏漏，誤四。綜觀上述任命，出擊者只得安潛一支，其餘不過分守據點，守衛據點是消極性防禦，包圍是積極性合攻，王氏將「守衛」視為「包圍」，此尤懵然於戰略之運用者也。《舊紀》曾言：「時關東諸州府兵不能討賊，但守城而已。」《新傳》略同，王氏無法意識到官吏之無能，徒挾私見以驅遣史事，畫犬作虎，故知其不類。

[184] 《通鑑》同月又載鄭畋奏：「自沂州奏捷之後，仙芝愈肆猖狂，屠陷五六州，瘡痍數千里，宋威衰老多病，……今淹留亳州，殊無進討之意；曾元裕擁兵蘄、黃，專欲望風退縮。」因請以崔安潛為行營都統代威，張自勉為副使代元裕云云；據《通鑑考異》二四，此奏本自《補實錄》，但未言行與不行，《新紀》遂於三年十二月大書安潛為都統，自勉為副使，唯其實四年威、元裕為使副猶如

151

二、王仙芝之末路

尚君長領兵入陳、蔡（《新傳》及《通鑑》據王坤《驚聽錄》）。乾符四年（西元 877 年）二月，仙芝克鄂州（《新紀》及《通鑑》據《驚聽錄》）[185]。八月，再度西掠復、郢。（《通鑑》）十月，又東下蘄、黃[186]。

十一月，遣尚君長等請降於招討副都監楊復光，復光送君長等赴長安求官爵[187]，途中為宋威截獲，偽稱在潁州（今阜

故，以斷定《新紀》有誤。余按此奏必原見《鄭畋集》（司馬光作《考異》，亦嘗直引《鄭集》），集內未書上奏年月，故《補實錄》以己意編入三年十二月，而司馬氏無從斷其是非也。依我個人分析，此奏非上於三年十二月，可得兩個反證：其一，《通鑑》三年十二月又載：「招討副使都監楊復光奏，尚君長弟讓據查牙山，官軍退保鄧州。」招討副使都監即招討副部隊之監軍，常與招討副使在一起，換言之，則三年十二月元裕方退保鄧州（今鄧縣），並未進至蘄、黃。其二，如果認為三年十二月元裕已駐兵蘄、黃，則雙方總不免與仙芝接觸，安能自由「出入蘄黃」？（語見《新傳》）復次，四年七月威被黃巢圍於宋州，得張自勉來援，巢始解圍，毫在宋州南，威進駐毫州，似在解圍之後，畋稱自勉為驍雄良將，亦似因其援宋立功，據此觀察，元裕進駐蘄、黃，勢必在四年七月前後，故四年十月《通鑑》有元裕破黃巢於蘄、黃之記載，但所破者是仙芝不是黃巢。司馬氏既能斷《新紀》之誤，顧仍列畋奏於三年十二月，且附加「上頗采其言」之結語，蓋未能將此問題徹底解決也。

[185] 《新傳》開篇即列柳彥璋為仙芝部將之一，故將彥璋陷江州事附於傳內；唯《舊紀》四年八（今本訛作七）月稱「江州賊首柳彥璋」，《新紀》四月稱「江西賊」，《通鑑》三月稱「賊帥」，六月只稱「柳彥璋」，均未視其為仙芝部下，故從闕疑之例。韓考將彥璋與乾符二年之事牽扯為一起（122 頁），亦不可從。

[186] 此事亦只見於《通鑑》，云：「黃巢寇掠蘄、黃，曾元裕擊破之，斬首四千級，巢遁去。」按此時巢斷不在長江。唐末紀事，即使同屬一書，往往極參錯，如《驚聽錄》忽而謂巢趣閩廣，仙芝指郢州，忽而謂仙芝陷鄂，巢陷郢，已經《通鑑考異》指出，如斯之例，當不在少數。

[187] 《史話》云：「王仙芝派副統帥尚君長祕密去洛陽，與楊復光商談投降條件。」（216 頁）非也。復光是元裕之監軍（說見前注 184），當時已進至今湖北境內，不在洛陽，唯復光轉送君長等至長安，故路經潁州西南。《舊傳》云：「仙芝

陽）西南生擒，斬之^[188]。

仙芝聞之，怒，率眾渡漢水，攻江陵^[189]，荊南節度楊知溫不設防禦，眾自賈塹（在今鍾祥縣）潛渡，乾符五年（西元878年）正月朔，攻入江陵外郭城^[190]，山南東道節度李福悉眾來援^[191]，挾沙陀五百騎與俱，次荊門（今同名），沙陀騎破仙芝軍。仙芝聞之，焚江陵郛郭而去，城下舊三十萬戶，至是死者

乃令尚君長、蔡溫球、楚彥威相次詣闕請罪，且求恩命。」《舊紀》云：「仙芝令其大將尚君長、蔡溫玉奉表入朝。」（溫玉、溫球當為同一人，未詳孰是）是也，此事，《舊傳》記在三年十月後，應是四年之訛，《新紀》、《通鑑》均作四年十一月。而《舊紀》記在五年二月，則是因仙芝失敗而連帶提及。

[188] 《舊傳》：「並擒送闕，救於狗脊嶺斬之。」《通鑑》亦作「生擒以獻」，似斬於長安。但《舊紀》稱「威乃斬君長、溫玉以徇」，《新紀》稱「宋威殺之」，《新傳》稱「命侍御史與中人馳驛即訊」，又似斬於軍前。據《通鑑》卷247胡注引宋白《續通典》，狗脊嶺在京城東市，符合《舊傳》說法。

[189] 《舊傳》江陵陷於四年（今本訛作三年）七月，今從《舊紀》、《通鑑》放在歲末，蓋因五年元旦陷江陵外郛而連言之。《舊傳》又言：「賊怒，悉精銳擊官軍，威軍大敗，復光收其餘眾以統之。」然威似未進至鄂南，亦不見於其他記載，故從闕疑。《史話》云：「當西元八七七年六月王仙芝圍攻襄陽時，……派副統帥尚君長祕密去洛陽。」（同上）按仙芝自起事以至失敗，未嘗圍攻襄州（即襄陽），此是大大錯誤。如說是「江陵」之誤筆，則各史都未說是「六月」，是雙重錯誤也。是時，仙芝早已喪失革命立場，按兵不動，故派君長等人赴長安謀求妥協，及聞君長被殺，才率眾攻荊州，如依《史話》的敘事，則其早失立場之事實，便被遮掩過去，不僅與舊史不符，亦非得以昭炯戒。究《史話》致誤緣故，實由於《通鑑》四年八月有如下段落：「山南東道節度使李福遣其子將兵救隨州，戰死，福奏求援兵，……忠武大將張貫等四千人與宣武兵援襄州，自申、蔡間逃歸。」姑且不論隨州陷落是否發生於四年（見前注183），然援襄州、事先行動等棟，非謂仙芝已圍襄陽。且如《史話》言仙芝「由襄陽撤圍，南入荊州」（同上），則須知襄陽、江陵同在漢水之西，仙芝何需渡漢？既缺乏地理知識，又判斷錯誤，其能了解事實之真相者少矣。

[190] 《舊紀》敘在四年十二月，今依《新紀》及《通鑑》。

[191] 觀此，尤證《史話》「自襄陽撤圍，南入荊州」之無稽。

第四章 民變興起：百姓反抗與社會變革

什三四。（參《舊紀》及《通鑑》）[192]

六日（壬寅），曾元裕破仙芝別部於申州（今信陽）之東[193]。二月，仙芝敗於黃梅縣（今同名），死焉[194]。

三月，仙芝餘部王重隱克洪、饒二州，重隱旋死，其將徐唐莒代領，不久亦失敗[195]。同時，別將曹師雄掠宣、潤，四月，攻

---

[192] 可參看注213。

[193] 《新紀》：「壬寅，曾元裕及王仙芝戰於申州，敗之。」又《通鑑》：「壬寅，招討副使曾元裕大破王仙芝於申州東。」按兩書皆稱丁酉朔，仙芝陷江陵外郛，則其逗留江陵，必有數日，申州距離江陵，直線距離亦五、六百里，既然非受敵尾追，無用急行，豈能於六日之前，回達申州之東。《新傳》曾言「諸軍屢奏破賊皆不實」，余以為此事亦屬一例。仙芝是首領，故所遇者雖為別部，亦必稱其為仙芝以欺騙朝廷，所謂盡信書不如無書也。《新傳》又以其事排在仙芝死後，大概並無別據。《史話》云：「王仙芝在李福、高駢兩路大軍壓迫之下，轉入河南。」（217頁）據《通鑑》，正月庚戌（十四日）方以西川高駢為荊南節度，是時仙芝已離開江陵，仙芝之走，只因李福來援，《史話》所敘，殊違當日之實況。

[194] 舊、新《紀》及《通鑑》皆作二月。擊敗仙芝者，《舊紀》與《新傳》稱宋威，《通鑑》據《補實錄》作元裕，《舊傳》作王鐸（「代為招討，五年八月，收復荊州，斬仙芝首。」荊今本訛亳，據《考異》所引改正），除《舊傳》絕對不可信外，其為威或元裕，表面雖異，事實則同。依前文，元裕軍在申州，打仗者可信為元裕，然威本任招討，《新紀》、《通鑑》正月下雖著威罷招討，或尚未交卸，自然引為己功。其次，《考異》引《補實錄》云：「元裕奏大破王仙芝於黃梅縣，殺戮五萬餘人，追至曹州南華縣，斬仙芝。」南華今東明，謂尾追千五百里以上，始行俘獲，亦奏報不實之一例，《通鑑》稱「追斬仙芝」，則仍惑於《實錄》也。
《新傳》於仙芝攻江陵之後，未死之前，夾敘「進破朗、岳，遂圍潭州，觀察使崔瑾拒卻之，乃向浙西擾宣、潤，不能得所欲，身留江西，趣別部還入河南」一大段，試取《通鑑》比對，純是仙芝身後之事，今且不論。吾人須謹記，此一時期前後不足兩月，仙芝焉能作出如此行動，此為時間連貫性問題。從潭州前往浙西，要橫越湘東及贛、皖，今《新傳》竟一躍而過，此為空間性問題。有此疑難，豈能奉為信史耶。《通鑑》五年三月有「群盜陷朗州、岳州」一條，未指明仙芝黨徒。潭州事，《通鑑》不載，但《新紀》與《通鑑》均稱是年三月瑾為部下所逐，如《新傳》可信，亦只能排在三月耳。

[195] 關於重隱事，舊、新《紀》與《傳》，說法各異：(1)《舊紀》先稱本年「二月，

湖州，為鎮海節度裴璩所破[196]。餘部攻取信、吉、虔等州。

綜觀本項列舉之事實，已可斷言仙芝與巢分道而後，兩人未曾再次會合，其理由將於下項說明。論及仙芝失敗，無非咎由自取，其重要原因有二：

第一，彼出身鹽販，仍有貪圖富貴的念頭。朝廷起初只授

王仙芝餘黨攻江西」，既曰「餘黨」，顯示仙芝已死。其下又稱君長等被殺，「仙芝怒，急攻洪州，陷其郛」，係追敘仙芝未死時之事，換言之，陷洪州時仙芝未死。(2)《舊傳》言「四（今本訛作「三」，前文已校正）年七月陷江陵，十月，又遣將徐唐莒（今本訛作「君莒」，據《考異》引文校正）陷洪州」，認為洪州陷落發生於四年。(3)《新紀》，五年二月稱，「王仙芝伏誅，其將王重隱陷饒州，刺史顏標死之，江西賊徐唐莒陷洪州」，又「四月，饒州將彭令璋（《通鑑》作幼璋）克饒州，自稱刺史，徐唐莒伏誅」。按洪（今南昌）、饒（今鄱陽）比鄰，依《通鑑》，唐莒是重隱部下，合而觀之，當時蓋連克二州，不過或稱饒，或稱洪，或稱重隱，或稱唐莒，致令讀者甚為困惑，年、月與《舊紀》同。(4)《新傳》敘事最為混亂，攻江陵後稱「仙芝自圍洪州，取之，使徐唐莒守」，顯係抄自《舊傳》。尚君長等被殺後又稱「仙芝怒，還攻洪州，入其郛」，顯係抄自《舊紀》。將一件事分作兩件，正所謂多修一回史，越增加一重錯誤也。唯《通鑑》所記，前後較連貫，故據為底本而參合《新紀》書之；其可疑之處，則為重隱占洪州之下，繼言「賊轉掠湖南」，不知是否朗、岳二州之出，故弗予採入。總而言之，關於重隱及曹師雄之行動，史雖不一其詞，終究沒有絲毫背叛仙芝的跡象，《史話》所謂仙芝破江陵時，「大將王重隱與曹師雄就脫離了王仙芝」，(217 頁)殊覺無徵不信。其次，韓考引《全唐文》卷 819 楊鉅〈唐御史裡行虞鼎墓誌〉：「乾符二年（西元 875 年）黃巢寇饒州……城遂陷。」為王仙芝在元年起事之證，並認定二年巢軍已攻下饒州。(119 及 122 頁) 按依前文所考，二年時義軍只活動於曹、濮、鄆、沂數州，勢力未延伸至長江北岸，安能渡江而破饒州？誌稱鼎「咸通十年（西元 869 年）進士，為校書郎，累遷至監察御史裡行……尋陟饒州刺史」。唐末調升雖然較快，但僅及七年，似未能遷至刺史，各史亦無二年破饒一事。許是「五」字略模糊便訛「二」，如作「五年」，斯與《新紀》相合。唯folate難決者《新紀》明言顏標死，則破城時饒州刺史不得為虞鼎，鼎至五代方死，或許是後來才任刺史，而誌之記事有誤歟？抑或《新紀》所書不確歟？

[196] 《新傳》開篇雖列師雄為仙芝部將之一，然傳內再不見其名，此一節全本《通鑑》(參下注 204)。

第四章　民變興起：百姓反抗與社會變革

以閒散差使——左神策軍押衙，便欲犧牲群眾，獻身投降，經黃巢責以大義，加之群眾憤怒，才將卑鄙心情暫時按捺下去。然而不夠理解真理，終究必然落伍，彼一離開黃巢，即屢次派遣使者，請求任命（《通鑑》載鄭畋奏：「王仙芝七狀請降」），立場如此不堅定，其失敗已是必然。

第二，自與黃巢分道，時逾一年，考其活動範圍，西不過江陵，東不過黃梅，限於現在鄂省東南部一跼促地帶，多半時間未聞有何進取，無非是在等候封官。立志既低，士氣便餒，其失敗不待蓍龜。

農民起義的巨大擴展

巢自蘄州與仙芝分道，北出齊、魯。（《新傳》）四年三月，入鄆州，殺天平節度薛崇[197]，又破沂州[198]。七月，圍宋

---

[197]　《舊紀》，三月「黃巢聚萬人攻鄆州，陷之，逐節度使薛崇」，《新紀》月分同，唯云「薛崇死之」，獨《通鑑》作二月，殺崇則與《新紀》同，《二十二史考異》卷55引《新五代史・朱瑄傳》，中和中鄆州節度使薛宗卒，謂薛宗即薛崇，因此斷定張楊鎮鄆，必在崇前（參下注203。按《通鑑考異》引《舊五代史・朱瑄傳》及《補實錄》，均作薛崇）；按舊、新《紀》及《通鑑》均以崇鎮天平不止於四年，《通鑑》更於乾符二年著「崇鎮天平」（參注176）。《新書・朱宣傳》亦稱鄆州節度使薛崇對抗王仙芝而戰死。有此多條反證，則崇鎮天平，似不應晚於中和三年（《新五代史》稱薛宗卒於「中和二年王敬武遣曹全晟入關與破黃巢還過鄆州」之時，則最晚不得過中和三年），只持《新五代史》一條，恐不足以打消其他之記載，錢氏亦認為「俟後賢論定」也。

[198]　《新紀》、《通鑑》均作三月，《舊紀》作五月。《舊傳》敘「陷沂州」於仙芝死後，

威於宋州，張自勉引兵來援，乃解圍去[199]。十二月，克滑州之匡城[200]（今長垣西南），進破濮州。（《通鑑》）[201]

五年二月，方攻亳州未下，是時仙芝死，其餘黨尚讓等歸之[202]，推巢為首領，號沖天大將軍，改元王霸。（舊、新

非《通鑑》據《補實錄》於四月下稱，「黃巢與尚讓合兵保查牙山」。按《通鑑》三年末載楊復光奏，已稱讓據查牙山，官軍退保鄆州，則讓占此山（即嵖岈山，在今河南遂平縣西五十里）不從本年開始，況本年春夏間，巢方活動於魯西，何為忽然退至汴南山裡？《通鑑考異》雖表示懷疑，卻不能掃除障翳，遂致略現矛盾。由是知《舊紀》所云「七月，黃巢自沂海（帥？）其徒數萬趨潁、蔡，入查牙山，遂與王仙芝合」，同屬錯誤，七月巢方圍宋（見下文），不會移駐查牙。總而言之，讓保查牙，應依《舊傳》在其兄君長被殺之後，而讓以部眾（即仙芝餘部，不是仙芝本人）合於巢，又應晚於五年仙芝既死之時，即《舊傳》之「仙芝餘黨悉附」，如此排列，則皆合於事理矣。

[199] 《新傳》：「巢引兵復與仙芝合，圍宋州，會自勉救巢至，斬賊二千級，仙芝解而南，度漢攻荊南。」實以前條注所引《舊紀》及《舊紀》另一段（「十一月，賊王仙芝率眾渡漢，攻江陵」）為底本，而中間插入圍宋之事。然仙芝此時方屢使通唐，坐待官賞，絕不會有北上圍宋之舉。唯《通鑑》亦稱七月「庚申，王仙芝、黃巢攻宋州」，按宋、鄆相距不足五百里，巢從鄆圍宋，是極自然之事；不過當時仙芝尚生，巢名還未大顯，因之地方報告往往冠以仙芝之名，其理由非常簡單，不足為異。反之，《通鑑》是年十月稱「黃巢寇掠蘄黃」之「黃巢」，又許是事後追記之誤，巢此時不可能分身南下也。《史話》云：「黃巢集團北入山東，連破鄆州、沂州，……宋威從亳州馳援山東，先後為黃巢所擊潰，宋威退守宋州。六月，黃巢進圍宋州，……張自勉馳救，黃巢由宋州撤兵，北渡黃河，攻占了濮州。」（216頁）此段敘事，在全章中尚較為明確清楚；唯威駐亳州似在四年七月以後（見前注184），《史話》所揭威由亳援山東屢被巢擊潰，則皆於史無徵，仍無法完全擺脫附會之舊法，圍宋作「六月」，亦是小誤。

[200] 《新傳》作考城，當因諱匡之故。

[201] 《新紀》以陷濮州附五年三月下。

[202] 《舊傳》：「及仙芝敗，東攻亳州不下，乃襲破沂州，據之，仙芝餘黨悉附焉。」內破沂一句，注198已指出其誤，攻亳則非常可能是巢之別隊（見下注204）。《史話》云：「當西元878年2月王仙芝集團在黃梅失敗於曾元裕時，黃巢集團正在亳州，包圍了宋威，曾元裕的大軍從黃梅乘勝北援亳州」（218頁）元裕援亳一節，純是無中生有，黃梅與亳相隔千里之外。《史話》往往將瀕於崩潰之唐室，渲染得調度有方、行軍敏捷，而不知此恰好使人看不見中古革命之真相。

157

第四章　民變興起：百姓反抗與社會變革

《傳》）[203]

三月以後，巢開始南北大轉戰，首攻滑州之衛南（今滑縣東），南略宋州之襄邑（今睢縣西），汴州之雍丘（今杞縣），又西南至鄭州之新鄭（今同名），許州之陽翟（今禹縣），汝州之郟城（今輔城）、襄城（今同名）及葉縣（今同名）[204]。乃率眾十萬，渡淮出淮南，其鋒甚銳[205]。原夫王、黃分道，王向南，

[203] 《通鑑》於改元王霸下接稱：「巢襲陷沂州、濮州，既而屢為官軍所敗，乃遣天平節度使張楊書，請奏之，詔以巢為右衛將軍，令就鄆州解甲，巢竟不至。」此段敘事倒錯，大半沿自《舊傳》之誤（見前條注）。《通鑑》已書沂陷於四年三月，濮陷於同年十二月，此處不應複出，竊謂段首應補「先是」二字。就巢個性而論，似不會輕易請降，我以為可有兩種解釋：(1) 緩兵之計。《舊傳》曾稱巢渡淮時似降於高駢，可互證。(2) 地方官吏偽造以塞責。關於巢遣楊書，《通鑑》係本自《補實錄》；按《巢紀》，乾符二年七月，楊鎮鄆，四年三月，巢逐鄆使薛崇，似楊在崇前。但《舊張楊傳》，乾符三年冬出鎮鄆，四年卒於鎮，出鎮年月，紀、傳不符，又與巢遣楊書不相符（巢遣楊書於破沂、濮之後，則應五年初之事），《新紀》記楊卒於五年，亦自有其理由（《通鑑》更遲在六年三月）。綜合觀之，《二十二史考異》五五提及楊必在崇前之證（見注197），仍覺未能確立。又《通鑑考異》引《補實錄》，巢自稱黃王，恐不確，見注239。
[204] 從四年年底巢所活動之地區來看，我相信五年之初，巢仍留在滑、濮（濮州是仙芝起義時之根據地），《通鑑》三月下稱「黃巢自滑州略宋、汴，……黃巢攻衛南，遂攻葉、陽翟」，其「自滑州」三字亦表現滑為此次南下發軔之地，余疑攻亳是巢之別隊，職是故也。不過《通鑑》先言略宋、汴然後攻衛南，顯係先後倒錯，茲故依南北順序記之。襄邑等七縣均見《新傳》，唯誤以「郟城」為「郟」。《史話》云：「黃巢在曾元裕未到亳州以前，從亳州撤圍，北攻宋州、汴州，連破陽翟、葉縣，曾元裕的大軍就急入洛陽」；(218頁) 按攻宋汴兩句本自《通鑑》，但《通鑑》明言「自滑州」出發，今臆改為從亳州北攻，殊覺南轅而北轍。其次，《通鑑》於三月下先書「又詔曾元裕將兵徑還東都」，繼又書「詔曾元裕、楊復光引兵救宣、潤」，可見元裕還在鄂東，故令就近馳援宣、潤，《史話》竟說元裕北援亳州，又西入洛陽，寫得生龍活虎，確實為腐化之朝廷軍隊增色不少，弗知其大錯特錯也。
[205] 《舊紀》，五年二月下云：「尚君長弟尚讓為黃巢黨以兄遇害，乃大驅河南、山南之民，其眾十萬，大掠淮南，其鋒甚銳。」其實此乃巢之本軍，讓僅為部帥之一耳。繫諸二月，亦失之過早。淮南為南下必經之路，除《舊紀》外，舊、

158

> 農民起義的巨大擴展

黃向北，北方節鎮較密，活動範圍較受限制。今巢乘仙芝已

新《傳》均有敘及，《通鑑》乃隻字不提，可算一個大漏洞。至渡淮時間，從前後事件推之，大致在六月以前，《舊紀》三月下稱：「黃巢之眾，再攻江西，陷虔、吉、饒、信等州」（末句，《舊盧攜傳》同），《新傳》、《通鑑》皆襲其文，唯《新傳》不著年月，但《舊紀》即接稱「自宣州渡江」；按饒、信已在江南，吉、虔更近於五嶺，假使攻此數州者為巢之本部，則先已渡江，何來此時又在宣州渡河？司馬光知其前後文義不能連接，於是將此一句改為「黃巢引兵渡江」，且移於「攻陷虔、吉、饒、信等州」句之上，就文字表象來說，誠然能得到解決，可是對於事情之本質，依然尚未解決。因為，《通鑑》於八月稱，「黃巢寇宣州，宣歙觀察使王凝拒之，敗於南陵，巢攻宣州，不克，乃引兵入浙東」，比《舊紀》書於三月者相差五個月，《舊紀》究竟如何錯誤，未能明白指出，此為第一點。巢知仙芝（二月）失敗後（《考異》引《驚聽錄》，六年巢回至衡州，「方知王仙芝已於山東沒陳，又尚君長生送咸京」，事必不確），方自滑州南下，轉戰宋、汴、鄭、許、汝諸州，再渡淮至江，只此一段曲折路程，已約達三千里，即使日行六十里，毫不停留，亦非五十日不成；然巢須沿途掠取物資以謀供給，又常會遇到人力或自然之諸多阻礙，而虔州更在江之南千里以上，依此審度，在五年三月底以前，巢軍不僅無法到達虔州，實亦不能到達長江邊緣，此為第二點。然則《舊紀》此一節究竟應如何解釋耶？吾人試將前文所記仙芝餘部之活動，對照合看，並核對其時間、空間（同是三月，同是饒州，又饒、信毗連），便知攻江西斷非巢本軍所為，仙芝餘部或許仍遙奉巢為主帥，然造成混亂之最重要原因，還是根於兩種史料之記載差異。蓋秉筆者如知重隱等原屬仙芝，則特揭其名，不知則統算入黃巢之下，《舊紀》雜採間事、異辭兩種史料，弗能審擇，只於先後兩月間用「再攻」一詞了之。明乎此，則知《新傳》所云，「在浙西者為節度使裴璩斬二長，死者甚眾」，實即《通鑑》之仙芝別將曹師雄；《通鑑》六月下稱「王仙芝餘黨剽掠浙西」，又歲末附稱「是歲曹師雄寇二浙」，皆為重複記載，應併作一條。《史話》云：「於三月渡江，轉入江西，與王重隱一軍在洪州會師」；（218 頁）蓋未嘗連繫實際情況稍作思考。或者援《舊五代史》，「武皇（李克用）殺段文楚，……乾符五年，黃巢渡江，……以武皇為大同軍節度使」（《新沙陀傳》略同，唯易克用為國昌），又據《唐末見聞錄》，國昌除大同節度在五年四月（均見《考異》引文），以為黃巢三月渡江，固有別證；殊不知《舊五代史》此處之「黃巢」，與《舊紀》「黃巢之眾，再攻江西」，為同一事件，所謂仙芝餘部之活動算入黃巢之下者也。
《新傳》敘事，未查驗記載之時間連貫性，故往往後先倒錯，如先云，「巢兵在江西者為鎮海節度使高駢所破」，駢以五年六月調浙西，則是五年事；後又云：「轉寇浙東，……於是高駢遣將張璘、梁纘攻賊，破之，賊收眾逾江西，破虔、吉、饒、信等州，因刊山開道七百里，直趨建州。」在入閩之前，亦應是五年事。唯其如此蹐駁，故周連寬得出「駢第一次敗巢是在江西，張璘等破巢於浙東已是第二次告捷」之結論。（《嶺南學報》卷 11 第二期 20 頁〈唐高駢鎮

159

第四章　民變興起：百姓反抗與社會變革

死，改轅易轍，拋棄中原必爭之勝，轉入大江以南兵備稍虛之地以培養實力，此所謂策略上之成功也。

巢攻和州（今和縣），未下，渡江攻宣州（今宣城）[206]，入浙西。

八月，攻杭州。九月，進克越州，執浙東觀察使崔璆，鎮海將軍張潾復取越州。（《新紀》）[207] 由浙東欲趨福建，以無

淮事蹟考〉）為要涇渭分明並判明巢本人行蹤，首須知饒（今鄱陽）、信（今上饒）在今江西省東北，吉（今廬陵）、虔（今贛縣）在其南部，必定是仙芝（或重隱）餘部兩支之分擾，絕非巢之本軍；否則虔州已臨大庾之前門，何為不徑出廣南，反取由浙入閩之迂道？且如堅持《新傳》之敍述，係順著時序，則巢軍之進行，應為(1)渡江入江西，為駢所敗，(2)轉入浙東，為璘所人所敗，(3)復西回江西，破饒、信、吉、虔等州，(4)開山路七百里至建州。巢縱無謀，也未必如此疲於奔命以削減自身勢力。且有更重要的問題，即(3)、(4)兩段路程如何連接？吉、虔為入粵之路，非入閩之路，應無相關，信州雖可通建州，但依《舊紀》及《通鑑》，巢係經浙東入閩（見下注207），由此言之，巢於同一年內兩出江西，兩轉浙東，然後變計入閩，合觀前文大庾之反詰，審視諸事理，殊不可信。由此可知，作《新傳》者對於時間、空間，俱缺乏妥善理解，又無法除繁去複，故至蕪雜不堪，讀史者所應掃清荊棘，以惠後學也。《舊書》卷178〈鄭畋傳〉：「五年，黃巢起曹、鄆，南犯荊、襄，東渡江、淮」，首句是追敘，次句是仙芝的活動，唯末句才是巢本人該年（五年）的行動，可見晚唐史料，非常凌亂，不容呆讀。

[206] 渡淮後所經地不詳。《舊紀》稱「自宣州渡江」，語涉含糊，今略易其文；得此，益見《史話》會師洪州及六月放棄江西（219頁）之無據。《新傳》又有「巢攻州未克」一事，他書都不載，以地理求之，和州在淮水之南，江之西岸，宣州之西北，恰合於渡江的條件，其為五年事無疑。《通鑑》著攻宣於八月，足證三月渡江說法之不實，《舊紀》將實際上不同之事，錯誤地連敘而下，非謂皆發生於三月也。巢在整個南北轉戰過程中，據我的看法，只渡江三次（沿江而下不算作一次），奚風以為「四渡長江」，（《歷史教學》1955年第三期26頁）不知其如何排列推算也。

[207] 璆，《新紀》誤作琢，據《新傳》及《新舊唐書互證》改正。《通鑑》根本上不信有此事，其廣明元年稱，璆罷職在長安，即暗示璆未被執。記載略與之相近者，有《舊書》卷178〈鄭畋傳〉，傳云：「五年，黃巢起曹、鄆，南犯荊、襄，

160

> 農民起義的巨大擴展

東渡江淮,眾歸百萬,所經屢陷郡邑。六年,陷安南府,據之,致書與浙東觀察使崔璆,求鄆州節鉞,璆言賊勢難圖,宜因授之,以絕北顧之患。」似璆未被執,然〈鄭畋傳〉敘述多誤(參前注 205 及下注 215),難為信證。抑《通鑑》於五年底附稱,「是歲,曹師雄寇二浙,杭州募諸縣鄉兵各千人以討之」,《新五代史》卷 67〈錢鏐世家〉則稱,「唐乾符二年,浙西裨將王郢作亂,石鑑鎮將董昌募鄉兵討賊,表鏐偏將,擊郢,破之,是時黃巢眾已數千,攻掠浙東,至臨安,……遂急引兵過」,又《舊紀》於「自宣州渡江」下,繼稱「由浙東欲趨福建,以無舟船,乃開山洞五百里,由陸趨建州,遂陷閩中諸州」,《通鑑》大致亦抄自《舊紀》,吾人試問既入浙東、西,所經何地?欲乘船則必抵達沿海,據此推求,本年之連攻杭、越,是極可能的事,故今從《新紀》。《史話》謂「與曹師雄會師」,又是杜撰事實。
繼而檢閱《吳越備史》卷一云:「(乾符)五年,寇盜蜂起,有朱直管、曹師雄、王知新等各聚黨數千,剽掠於宣、歙間。秋九月,王(即錢鏐)率本鎮兵討平之。」(直管,下文光啟三年又作「杭州山賊朱直」)可見師雄與巢,軍事上並無連結。《備史》又云:「乾符二年夏四月,浙西鎮遏使王郢作亂,敕本道徵兵討之,時董昌戍石鏡鎮,亦募鄉里之眾以副召,王遂委貳於董氏。……六年秋七月,黃巢擁眾二十萬大掠州縣,……巢將及石鏡鎮,眾才三百人。王謂董氏曰:黃巢以數萬之眾,逾越山谷,旗鼓相遠,首尾不應,宜以伏兵襲之,或可少卻耳。巢前軍二千餘眾果崎嶇而至,王率二十騎伏於草莽,巢小將單騎先進,王親注弩射之,應弦而斃,伏兵遂起,巢兵大潰。」即前引《新五代史》之原引處,唯誤作六年(六年七月巢方在嶺南),《新紀》雖正作五年,但又訛攻杭為陷杭。據《臨安志》所載,石鏡山在臨安縣南一里,錢鏐改為衣錦山;《新五代史》作石鑑,殆五代時避石敬瑭之嫌名。宋葛澧〈帝都賦〉:「自唐乾符之後,……雖黃巢之眾,不能逾臨安而深入。」(《輿地紀勝》卷二)亦顯示義師已到臨安境上。復次,據《備史》,鏐只破巢眾二千餘人之前鋒,陸烜《黃巢事蹟考跋》引《備史》,錢鏐以少騎破巢眾二十萬,則並未細讀其文。最近韓考既主張攻下廣州在六年,(128 頁)同時又說攻杭以乾符六年為當,(126 頁)對時間之排序,似未詳加考慮。

第四章　民變興起：百姓反抗與社會變革

舟船，乃開山洞七百里[208]，由陸路趨建州（今建甌）[209]。十二月，克福州[210]。

[208] 《新傳》、《通鑑》均作七百里，《舊紀》作五百里。《通鑑》胡注云：「按《九域志》，自婺州至衢州界首一百九十里，衢州治所至建州七百五里，此路豈黃巢始開之耶？」按《元和志》卷26，衢州「南至建州七百里」，同書二九，建州「正北微東至衢州七百里」，衢、建間至今尚為閩、浙交通大道，必非巢始開，僅是加工而已。
《通鑑》，五年八月後云：「開山路七百里，攻剽福建諸州。」大半係承《舊紀》說法，唯不得其切確月分，故連敘而下；桑原隲藏之《史料異同表》既陷於呆引，且更誤作「七月」。

[209] 《史話》稱巢「以大將畢師鐸留守浙東，自率大軍南入福建」，又「王重隱一軍屯江西，……畢師鐸一軍屯浙東，……這是西元878年農民軍發展的大體情況」(219頁)。今據《舊書》卷182〈高駢傳〉，駢授鎮海節度（同上《史話》誤為寧海），「令其將張璘、梁纘分兵討賊，前後累捷，降其首領數十人，賊南趨嶺表，……六年」；又同卷〈師鐸傳〉：「曹州冤朐人，乾符初，與里人王仙芝嘯聚為盜，相與陷曹、鄆、荊、襄，……仙芝死，來降，高駢初敗黃巢於浙西，皆師鐸、梁纘之效也。」是師鐸本仙芝餘部，此時已降唐而對抗民軍，《史話》不了解《通鑑》排列事實之方法（見下注211），竟認其為巢之留守，可謂敵我不分。王重隱本年三月占洪州，不久即死，代之者徐唐莒，亦以四月被殺，《史話》還稱重隱屯江西，何來此夢囈也！復次，鎮海節度即浙西，領潤、常、蘇、杭、湖、睦等州，《史話》既誤鎮海為寧海，又以為「領越、衢、婺、溫、臺、明等六州」，直是無法辨別浙西與浙東矣。

[210] 此據《新紀》。至於《新傳》云：「巢入閩，俘民給稱儒者皆釋，時六年三月也。」如解作六年三月，巢尚留滯福建境內，於義亦通；倘認為三月始入閩，則後來轉戰兩廣，深感時間不敷分配。

六年（西元 879 年）[211]，攻下廣州 [212]，執嶺南東道節度

[211]《通鑑》，六年正月下稱：「鎮海節度使高駢遣其將張璘、梁纘分道擊黃巢，屢破之，降其將秦彥、畢師鐸、李罕之、許勍等數十人，巢遂趣嶺南。」此一節事實之所以安排於此，《通鑑考異》曾揭示其理由如下：「郭廷誨《妖亂志》曰：初黃巢將蹂踐淮甸，委師鐸為先鋒，攻脅天長，累日不克，師鐸之志沮焉，及巢北向，師鐸遂降勃海。按《舊師鐸傳》，駢敗巢於浙西，皆師鐸之效，故置於此。」「故置於此」猶云「姑置於此」，即不知其確切年月而暫作如此安排，乃修史者所常用之變通方法。不過《通鑑》此一安排，殊有可議之處；駢敗巢於浙西及浙東，當然在巢入閩之前（見上注 209 引〈師鐸傳〉；《舊紀》亦云：「初駢在浙西，遣大將張璘、梁纘等大破黃巢於浙東，賊進寇福建」），師鐸降唐應在更之前，故除李罕之外，此一節斷應於五年八月「巢攻宣州不克」下夾敘之，方能首尾連貫。今敘在六年正月，且繼以「遂趣廣南」，則事實與文義兩不接合，故周連寬以為「《通鑑》敘事，有時亦不可盡信」（同前引）。唯王丹岑未了解《通鑑》排序之意，遂臆測為師鐸留守浙東，肯定師鐸之降為六年正月，更進一步臆測巢是為避免駢主力攻擊而轉入廣南。（均 219 頁）其實當時浙西兵力，鞭長不及馬腹，並未能威脅閩中，駢亦並無南征舉動；巢趨廣州，自為其物資豐富，遠勝閩南耳。若《妖亂志》記師鐸降之事並不準確，除《考異》所舉外，《舊高駢傳》尚有一反證，傳云：「廣明元年夏，黃巢之黨自嶺表北趨江淮，由采石渡江，張璘勒兵天長，欲擊之，……大將畢師鐸曰：……」是巢攻天長時，師鐸已為駢之大將，《妖亂志》未可信也。李罕之降唐，應在廣明元年，見下注 226。秦彥，《舊書》卷 182 有傳，傳內附見許勍。彥後和州刺史，勃授滁州刺史，見《桂苑筆耕集》三，又勅改廬州刺史，見同集一四，末牒有云：「前件官自舉六條，已踰四載。」則勅任滁州刺史，已過四年，《新紀》乃於中和三年書「十月，全椒賊許勍陷滁州」，其為錯誤無疑。
鄧廣銘〈試談唐末的農民起義〉云：「起義軍的主力在西元 878 年夏秋間，從贛州經由大庾嶺韶州等地而去攻打廣州。」（1952《進步日報‧史學週刊》第九十期）此殆從《舊高駢傳》「南趨嶺表」（見前注 209）及《通鑑》之「遂趣廣南」推想得之，然此兩句均屬概括敘述的性質。《舊紀》雖有過「北逾大庾嶺」一語（見下注 216），但是指歸時之路，非去時之路，且亦不可信，韶州則各書全未提及。抑巢經浙入閩，各史料敘述灼然，無論空間、時間，均與由贛入粵兩不相符也。

[212] 此一問題，可從中外史料兩方面分別論之。《舊紀》，本年「五月賊圍廣州，……黃巢陷廣州，大掠嶺南郡邑」，《新紀》同；《舊傳》稱：「是歲自春及夏，其眾大疫，死者十三四，眾勸請北歸。」亦顯示夏初巢已入粵。唯《通鑑》獨將廣州陷落推定在九月，其餘雖採錄《舊傳》之文，但刪去「自春及夏」一句，又五月末尚稱于琮「以為廣州市舶，寶貨所聚，豈可令賊得之」；可是彼書亦有自不對應之處，因為五月下又著巢表求廣州節度，王鐸請以李係為湖南觀察使，將兵「屯潭州以塞嶺北之路，拒黃巢」（末一事《新紀》係於五月）。如果五月巢

第四章　民變興起：百姓反抗與社會變革

未入粵，兩方都不至於有此準備。何況據《通鑑》，十月二十七，巢已經桂州至潭州，把陷廣州放在九月，試連結到實際情況，中間的時日殊覺不敷分配。西元九一六年（梁貞明二年），大食人阿布・賽德・哈散（Abu Zaid Hassan）著書，記巢取廣州在回曆二六四年，相當於乾符四年八月三日至五年八月二日（此據陳垣《中西回史年曆表》，桑原書五九頁作「乾符四年八月二日至乾符五年八月一日」，相差一日），與前引我國記事不符，桑原隲藏因援《舊盧攜傳》及《新五代史》卷 65〈南漢世家〉（「唐乾符五年，黃巢攻破廣州」），故以六年說為不可信。（《蒲壽庚考》14～15）按《舊盧攜傳》云：「五年，黃巢陷荊南、江西外郭及虔、吉、饒、信等州，自浙東陷福建，遂至嶺南，陷廣州。」各事連敘而下，不一定全發生於五年之中，陷荊南、江西原屬仙芝及其餘黨，而且此傳前文既書「乾符末」，下面又稱四年、五年、六年，正所謂「踳謬較之《新傳》尤甚」者，（《二十二史考異》卷 55）是五年說在漢語史料中，只有後出之《新五代史》一條。因此更須知吾人不能用片面方法解決問題，而要顧及全局，中回兩曆之對照，其回曆二六四年之下限為乾符五年七月，換言之，如信德書無誤，則破廣州應在五年七月底以前。由是，導致另一個更為複雜而無法解決之問題，即吾人應同時將黃巢從滑州南下起、迄破廣州止，所有帶著時間性紀錄之活動，一一重新排序。但並未從史料上獲得根本依據，可以任吾人如此做法，結果必至堅持孤證、陷入泥塗，將互有聯絡時間連貫性之紀錄，任意移動或改造，此則稍經思考而知其必不可行者也。職是之故，破廣州之時間，仍須維持六年夏初之說。《史話》稱：「二月，全軍西征，⋯⋯七月，攻破了廣州。」(219 頁)，仍無法避免以主觀想法來利用史料。鄭畋、盧攜之罷相，或以為因南詔處置問題，或以為因黃巢處置問題；關於前一事件，桑原引《新南蠻傳》，謂發生時間應不晚於乾符四年初，似難認為此是二人罷相之原因，故彼主張鄭、盧罷相係爭論處置黃巢之結果。唯罷相年分，亦有兩說，(一) 五年說，見《舊》卷 178〈盧攜傳〉、宋敏求《補實錄》、《新僖宗紀》、《新宰相表》、《新》卷 35〈五行志〉、《新》卷 160〈崔沆傳〉及《通鑑》。(二) 六年說，見《舊僖宗紀》、《舊》卷 177〈豆盧瑑傳〉、《舊》卷 178〈鄭畋傳〉、《元龜》卷 333 及《新》卷 36〈五行志〉。依桑原之意，史料中最足信賴者為《新宰相表》，而此表明記五年五月丁酉鄭、盧並罷，故贊同五年之說；兩人之罷，既是五年，則巢圍廣州自不得不認為五年云云。（《唐宋貿易港研究》57～59 頁）余往年撰〈翰林學士壁記注補〉（《史料與史學》下或《史語所集刊》十五本），在豆盧瑑條下曾主張六年之說（原文誤將《舊盧攜傳》加入六年說之內，茲更正），然未提出確據。今檢閱桑原此文，不妨重申前見。首須辨明者即《新宰相表》亦錯誤屢出，不應先存最可信賴之成心，《新書》紀、表、志（卷 35）、傳似同出《補實錄》之一源（說見前引拙著），若是，則五年說只有《舊盧攜傳》及《補實錄》兩種史料。六年說除桑原所引外，《舊》卷 168〈崔沆傳〉稱「乾符末，本官同平章事」，亦應加入六年說之內；換言之，六年說所據史料來源之豐富性，

農民起義的巨大擴展

使李迢[213]，自稱「義軍百萬都統兼韶廣等州觀察處置等使」，(《續寶運錄》)[214]公呈奏表告將入關，因數宦豎柄朝，垢蠹紀

> 似比五年說更多，今查證《舊紀》卷19下乾符五年三月後，「以吏部尚書鄭從讜、吏部侍郎崔沆考弘詞選人」，又六年「三月，以吏部侍郎崔沆、崔澹試弘詞選人」，向例宰相不充試官；又《新紀》、《新表》稱沆以吏侍轉戶侍(《舊紀》作吏侍轉兵侍)入相，代表六年三月以前沆未入相，亦即六年三月以前鄭、盧並未罷相。鄭、盧未罷，則桑原之考定，完全失其所依矣。得此有力證據，再加以前文強而有力之反駁(巢入廣以前以及以後之行動，吾人非提出切確依據，不能將其時間任意挪移；試退一步來說，承認入廣為五年事，則經浙東赴閩不能不移至四年下半年，然此時仙芝未死。且五年三月巢尚在河南，如何隔了兩個月便到廣州。桑原竟有此論，正諺所謂「聰明一世，糊塗一時」也！又如入廣在五年，則巢留嶺南應一年以上，史文更無可徵信。或前或後均移動不得，故入廣非在六年不可)，黃巢下廣州及鄭、盧罷相，必是乾符六年，可謂已成鐵案。
>
> 此外尚有一附帶問題，大食文之Xanfu，非廣州莫屬，說見後文。但Klaproth曾證為「澉浦」，大致上即杭州，一時學者如Reinaud、Yule、Richthofen、那珂通世等靡然從之，其證佐之一，即《新紀》五年八月巢陷杭州，與回曆二六四年可以相符；(《蒲壽庚考》14頁)但杭非唐之商港，其他條件尤不相合，可略繁辨。
>
> 韓考主張六年說，固然與拙見相同，但彼引《全唐文》韋昌明〈越井記〉作旁證，卻有疑問。記內所言歲數不合，又昌明充翰林學士，絕無可稽。相關論述詳見拙著《補唐代翰林兩記》242頁，此一當存疑之證也。

[213] 《郎官柱》亦作李迢，唯《北夢瑣言》作李佋。今本《舊紀》之李岩，係原寫作「李岩」之轉訛(據《考異》引文，又《舊書》卷178〈盧攜傳〉同)。

[214] 賽德之書又言巢在廣州，殺回教、基督教、穆護教徒及猶太人十二至二十萬，近世解者多據此為當時外僑之數目。(《中西交通史料彙編》三冊132及《蒲壽庚考》15頁)此譫言也。據《新書》卷43上，廣州全州人口只有二十二萬一千五百，縱多隱瞞，然郡城一隅，未必達二十萬(近聞桂林來人，說全城人口不足十萬)，抑廣州沿河一帶，由於近世淤積及新填者面積頗廣，居民住地，據我六十年來所見，亦擴展不少。二十年前，廣州曾清查人口一次，包含河對面的地區，結果不足百萬。試結合人口增加率、市區面積、城市集中程度等等因素來比較，認為唐時廣州全城人口約二十萬，未為低估，豈外僑之數竟等於全城，不可信者一。退一步來說，外僑即使只有十萬，其勢也已喧賓奪主，且異族舉目皆是，最惹人注意，何以唐末關於嶺南記載，如劉恂《嶺表錄異》、段公路《北戶錄》、房千里《投荒雜錄》等著作，曾無提及，不可信者二。再從經濟方面而言，當時輸入商品，不過香料、藥材及若干珍奇物品，

第四章 民變興起：百姓反抗與社會變革

若留住者已十餘萬，試問以何業營生？廣州在中古時代之經濟發展，是否能負擔此芸芸之眾？不可信者三。或謂此數包含漢族信徒在內，吾人試問唐代外教惑人之深，孰如浮屠？會昌五年（西元八四五年），清查天下僧、尼，只得二十六萬五百，勒大秦、穆護祆三千餘人還俗（連外國人在內），相隔只卅餘年，而謂廣州一隅，竟有如此大量之教徒（中古來華之外人，多數信奉任一種宗教，此是當然之事實），且增至三、四十倍耶，不可信者四。閒嘗思之，仙芝破荊州外郛，多所殘害（見前文），其時正是回曆二六四年，粵語「王」、「黃」同讀如 wong（照語言學公例，雙唇音 w、b 常可相通，故大食文翻黃巢為 Banšoa），巢亦曾陷江陵，又唐人常稱荊州為「荊府」，「荊府」與 Xanfu 音近，因此，輾轉傳訛，誤王仙芝為黃巢，荊府為廣府，一般人民為外國教徒。三人成虎之言，本就常見於歷史上。荊為西南重鎮，必有蕃商居留，曾被波及。德未嘗身歷中土，只錄傳聞，有不盡、不實之處。中國舊史家每逢偏差，保守者唯知捧著殘編，沾沾自足，不肯向別個角落尋求相關史料，採人之長，補我之短，其失也固。新進則反是，宜若可喜，然記載未能無舛錯，中外所同，若唯妙其新奇，不以冷靜頭腦審察其可信度，貿貿然囫圇接受，則過猶不及也。復次，馬司帛洛（G.Maspero）云：西元 879 年，黃巢入廣以後，大食人遂不直赴中國而停舟羯荼（Kilah、Kalah），以其貨物轉載中舶；中舶當時大致發航於廣州，約十日至占城，又沿岸前行約十日抵 Saint-Jacques（疑即大食人之 Kadam，賈耽之軍突弄），又約十日抵 Tioman 島，沿馬來半島行，渡海峽，復沿岸行而達羯荼，全程約三、四十日。（《史地譯叢》169～170 頁）按巢為爭取物資，駐廣州之外國商人，勢必不能倖免，此則無須諱言者。唯是，蕃商傳入多數為奢侈品，經過進奉、收市、舶腳種種名稱，彼輩本身亦曾飽受李朝及官吏嚴重剝削，革命軍及一般人民對之，似不至於抱有深切仇恨，如鄧廣銘所想像（同前引文）。而且，檢閱巢軍所有紀錄，除中和元年長安洗城為清除反抗集團外，他處未聞大量殺戮，此一特殊例外，頗難置信。據《教工通報》第 37 期，在山東大學講授中，「廣州因黃巢佔住過一個時期，經了一次大破壞」之錯誤意見，經過討論評判而後得以糾正。(9 頁) 詳情未可知，拙見或許與之相近也。德書略言：摧毀廣府後，亂黨進向國都，皇帝奔至吐蕃邊境之 Bamdou，得 Tagazgaz 王之助，繼續戰鬥，乃復位。唯京城破壞，府庫已虛。精兵良將皆死，威權墜失。貪狠之冒險家割據各省，無些微奉上之忠心。外國之商人船主，皆遭虐待侮辱。貨物則悉為劫掠，境內工廠皆被摧毀，對外貿易全為停阻。中國之厄運及大亂，波及於海外萬里西拉甫港（Siraf）及甕蠻省（Oman）兩地之人。前此恃營商中國為生，至此破產者所見皆是云云；張星烺據阿拉伯各家記載，認為 Taghazghaz 係指回紇，顯因安史之亂回紇助唐收復兩京而產生誤會（同前引《彙編》130～131 及 134 頁）。按 Taghazghaz 係 Toguzoghuz 之音變，義即九部或九姓，韃靼亦有九姓（見《隋史》七節），當時沙陀曾附韃靼，其稱呼或由於此。至於虐待侮辱，與殺戮迥異，由此知彼

綱,朝臣與中人賂遺交構及銓貢失才諸弊,一面申禁刺史聚歛財產,凡縣令犯贓者族。(《新傳》)從此西入桂管[215],其眾患疫,勸之北歸,自桂州編大栰數千,乘暴水沿湘江而下[216],歷永、衡二州[217]。十月二十七日(癸未),克潭州[218];時李係守潭,有眾五萬,併諸團結軍號十萬,巢急攻一日而城陷,係僅以身免,流屍塞江。(《舊紀》)閏十月,進克澧州。(《新紀》)尚讓乘勝逼江陵,節度使王鐸聞係敗,棄城走襄陽,其留守劉漢宏縱兵大掠,焚剽殆盡。十一月六日(辛酉),巢入江陵[219];欲攻襄陽,前鋒一萬屯團林驛,江西招討使曹全晸與襄

之記載,多少含有矛盾,難為信史。而 Bamdou 一名,張氏未釋,以黃巢可譯 Banšoa 為例,殆「皇都」之對音。

[215] 由閩赴桂林,須經廣州,此是普通所走之路線,《舊紀》乃云:「四月,黃巢陷桂管,五月,賊圍廣州。」《新傳》亦襲其文而稱:「巢陷桂管,進寇廣州。」舊日史家缺乏地理知識,於此可見一斑。唯《驚聽錄》云:「復並蓺海隅,又陷桂州,次攻湖南,屯衡州」,敘述最為完備。《舊鄭畋傳》:「六年,陷安南府。」安南殆嶺南之誤,巢實無時間可以南征安南也。《新紀》不察,遂於陷廣後接稱「陷安南」,反略去桂州不提,中間遂失去連貫。《史話》稱巢「在廣州,經過兩個月的休息整頓」,(219頁)係因《通鑑》將陷廣定於九月,自桂入湘於十月;但陷廣時間點比舊、新《紀》晚五個月,《通鑑》不僅未提實證依據,且如此時間亦過於倉促,說見前注212,倒不如舊、新《紀》之可信。

[216] 《舊傳》云:「尋南陷湖、湘,遂據交、廣。」巢從何路入廣,都不悉知,其誤更甚於《舊紀》。《舊紀》,六年十月云:「時賊北逾大庾嶺」,亦不合。桂州,《舊紀》訛作桂陽,據《新傳》改正。數千,世界印本《通鑑》訛作「數十」,茲從《舊紀》。

[217] 從湘水北出,先永後衡,《舊紀》、《新傳》不誤,《通鑑》倒為「歷衡、永州」。巢屯衡州,見前引《驚聽錄》。

[218] 《舊紀》,克潭州於廣明元年二月,《舊傳》亦記於廣明元年,《考異》引《補實錄》云:「閏月,湖南奏黃巢賊眾自衡、永州下,十月二十七日攻陷潭州。」其說可信;《新紀》記載為閏十月,據報送抵之月也。

[219] 《新傳》云:「其十月,巢據荊南。」《通鑑》依此亦記在十月之下,此與實際時

第四章　民變興起：百姓反抗與社會變革

陽節度使劉巨容屯荊門（在襄陽南二百七十餘里），全諴等匿精甲於林薄之中，自以挑戰，偽不勝而遁，義軍弗為備，二十二日（丁丑），失利於荊門，全諴等尾追不捨。十二月七日（壬辰），巢棄江陵，率舟師東下，攻鄂州，陷其郛[220]。

間所不合，二十七始克潭，月底僅餘三日耳，能飛渡荊門耶？《舊紀》稱王鐸聞係兵敗棄城，漢宏大掠，「半月餘，賊眾方至江陵」，亦可作為反證，今從《新紀》。復次，《新傳》開篇列漢宏為仙芝部將之一，然《通鑑考異》引《吳越備史》，對漢宏出身經過，尚存疑問，《史話》徑云：「王仙芝失敗時投降了唐軍。」（222頁）未免太坐實。

[220]　自此以後至明年七月渡江北討之前，巢所攻取的地區，各書記載不一，幾乎無法統整，今先分述其概略，再以管見綜合評述：(1)《舊紀》，廣明元年三月下稱，「攻鄂州，陷其郛……遂轉戰江西，陷江西饒、信、杭、衢、宣、歙、池等十五州」，此無疑是總敘在一起。紀又言：「是歲春末，賊在信州疫癘。」(2)《新紀》，六年末稱，是歲「黃巢陷鄂、宣、歙、池四州」。又廣明元年四月，「壬寅，張璘克饒州」。五月，「張璘及黃巢戰於信州，死之，六月，巢陷睦、婺、宣三州」，內饒州只著克，未著陷，宣州乃為兩陷。(3)《新傳》云：「轉掠江西，再入饒、信、杭州，……攻臨safe，戍將董昌兵寡，不敢戰，……乃還殘宣、歙等十五州，廣明元年，……張璘度江，……巢數卻，乃保饒州，眾多疫，……巢得計，破殺張璘，陷睦、婺二州，又取宣州。」按《舊紀》之十五州，包饒、信、杭在內，今《新傳》既先提饒、信、杭，而後文仍稱十五州，顯係隨意抄自舊文，未加考察；又董昌一節，與前注207所引《新五代史・錢鏐世家》相同。是否乾符六年之事，相當可疑；此兩點最應注意。至於巢眾疫之地，《舊紀》作信州，同書〈傳〉作饒州，則因信、饒相鄰，未為衝突。(4)《通鑑》將本自《舊紀》之「攻鄂州，陷其外郛，轉掠饒信池宣歙杭十五州」一節，完全記在六年十一月之下，不知何故，獨削去衢州一名（或因其不見於《新紀》）。按《舊紀》以攻鄂列於廣明元年三月，雖不準確，然《通鑑》在此之前同一個月內，方稱「黃巢北趨襄陽」，此時戰略上固無分兵東下之必要或可能性（因為襄陽得手，即可北窺關中），縱使有可能，豈能在一個月之內蹂躪十五州？豈能東及於浙杭？司馬光未嘗顧及時間，是其疏略之處。此後廣明元年正、二、三月都不記巢事，至四月始云，「張璘度江……屢破黃巢軍，巢退保饒州，……璘攻饒州，克之」，五月，「黃巢屯信州，遇疾疫，卒徒多死，張璘急擊之，……兵敗，璘死」，六月，「黃巢別將陷睦州、婺州，……庚戌（二十八日），黃巢攻宣州，陷之」，論其大致敘述，事同《新傳》，月同《新紀》，唯信州遇疫，特採《舊紀》而已。

概述既畢，試就管見所及，提出三點來討論：(1)杭州。巢軍犯杭州，舊、

農民起義的巨大擴展

廣明元年（西元880年）巢離鄂後[221]，連下饒、信、池、歙、衢、婺、睦等州[222]。淮南節度高駢遣其將張璘渡江[223]，四月，璘復取饒州，五月，巢與戰於信州，殺之[224]。六月

新《紀》、《新傳》及《通鑑》均只一見，論其時期，約分三說：（甲）乾符五年八月，《新紀》主之。（乙）乾符六年，《新傳》、《通鑑》主之。（丙）廣明元年三月後，《舊紀》主之。然《新傳》缺乏時間連貫性，乾符六年無容納其事之餘地。《通鑑》勉強附於十一月，絕不合理（說見前），實應依《舊紀》移入廣明。由是，可再縮減為乾符五年及廣明元年之兩說。考杭、越（今紹興）相去不過一百四十里，既犯杭便可犯越，既犯杭亦可犯杭，故《新紀》以犯杭、越連著於八、九兩月。乾符五年巢入浙東，見《舊紀》、《通鑑》，是無可否認之事實，越為浙東首治，且瀕海隅，巢既欲乘海入閩，越州料想為其必經之地，《新五代史》綴攻杭於乾符二年之後，則乾符說似為近是。反之，當廣明元年時，巢之目為復尋故道，逾淮北上，何故分散兵力，遠征越、杭？四、五月間與張璘相持，尤多阻礙。質言之，舊史料內的確有廣明元年巢克杭、越之誤傳（如《舊鄭畋傳》云：「廣明元年，賊自嶺表北渡江浙，虜崔璆」），稍經分析，便知此說法難以成立，故本篇仍維持《新紀》之說。（2）宣州。《新紀》及《通鑑》記六年陷宣，從其文觀之，都係本自《舊紀》，若廣明元年六月陷宣，則又本自別種史料；但《舊紀》之文，原亦編入廣明元年，故所謂宣州再陷，實是複出。（3）衢、睦、婺三州。衢州只見《舊紀》，婺、睦見《新紀》、《新傳》及《通鑑》，亦或許在《舊紀》十五州之內。按婺今金華，睦為建德，巢軍如果由信州東出，實應先經衢州，何以《新紀》、《新傳》及《通鑑》均獨刪此一州，殊不可解。反之，如將三州全刪去，更不易足十五之數。或者係饒、信相持時，分兵旁掠，亦未可定，總之，應該不晚於六月。《舊》卷182〈高駢傳〉於乾符六年冬後稱「既黃巢賊合仙芝殘黨，復陷湖南、浙西州郡」，蓋將五年之事，誤記於六年之末。

[221] 離鄂是去年底抑或本年初，難以確定。

[222] 說見前注220。池，今貴池；歙，今歙縣。《史話》列舉出湖州，（222頁）不知何據。

[223] 《通鑑》於六年十二月下稱：「至是，駢將張璘等屢破黃巢。」按此是巢將離鄂或剛離鄂之時，淮南兵何由接觸？皆因《通鑑》將轉掠十五州編入十一月，故連帶致誤也。唯廣明元年三月下云：「高駢遣其將張璘等擊黃巢，屢捷。」論其時間，相當接近。又《新傳》云：「張璘度江，敗王重霸，降之，……別部常宏以眾數萬降。」按傳首列仙芝大將李重霸而傳內無名，諒即同一人。

[224] 《舊傳》謂璘被殺於天長，且誤記於南據交廣之前，《舊高駢傳》略同；唯《舊紀》著於此次渡江之前，《新紀》更明記為信州，茲從之，可參《通鑑考異》卷

第四章　民變興起：百姓反抗與社會變革

二十八日（庚戌），克宣州[225]。以上為巢在長江以南活動之概略。

七月，自宣州采石磯渡江[226]，下和、滁二州[227]，進圍揚州之天長、六合，高駢不敢出戰，又破天平節度曹全晸。九月[228]，乃悉眾渡淮，自稱率土大將軍[229]；轉牒諸軍，首稱，「屯軍淮甸，牧馬潁陂」，（《唐末見聞錄》）後又申言，「各宜守壘，勿犯吾鋒，吾將入東都，即至京邑，自欲問罪，無預眾人」。（《通鑑》據齊克讓奏）[230]自淮已北，整眾而行，不剽

24。

[225] 《新傳》於取宣州下稱，劉漢宏「殘眾復奮寇宋州，掠申、光，來與巢合」；按《通鑑》五月下稱漢宏之黨，侵掠宋、亳，六月稱漢宏向掠申、光，七月辛未（十九日）請於濠州歸降，唐以為宿州刺史，可知漢宏並未與巢合軍，《新傳》誤。
《吳越備史》卷一云：「漢宏，兗州刺史院之小吏也，尋為大將，領本州兵以禦黃巢寇，遂殺將首劫輜重而叛，詔忠武軍討之，不利，覆命前濠州刺史崔鍇招攜之，宏遂降，授宿州刺史。」亦未言宏與巢合。

[226] 渡江時間，《舊高駢傳》作「廣明元年夏」，《妖亂志》及《舊紀》均作七月。《通鑑》胡注云：「采石戍在宣州當塗縣西北，渡江即和州界。」又《舊紀》稱：「其將李罕之以一軍投鎮南。」《新書》卷187〈李罕之傳〉：「隨黃巢渡江，降於高駢，駢表知光州事」（《新五代史》卷42〈罕之傳〉略同），是罕之早已反叛；《新黃巢傳》乃云：「李罕之犯申、光、潁、宋、徐、兗等州吏皆亡。」殊誤，《史話》稱巢十月攻占光州（224頁），即因過信《新傳》也。

[227] 《新紀》先滁後和，於順序不合。

[228] 《舊紀》，「十月乃悉眾渡淮」，《舊傳》作「九月渡淮」，今從《舊傳》。

[229] 此號見《舊紀》、《新傳》。《通鑑》本年十一月下載齊克讓奏曰，「黃巢自稱天補大將軍」；按《續寶運錄》謂仙芝「自稱天補均平大將軍兼海內諸豪帥都統」，是否兩人稱號相同，未詳（《史話》223頁倒作「補天」）。《史話》以率土大將軍為巢在廣南時之稱號，（219頁）絕無根據。

[230] 《史話》引此節，稱本自「《唐書‧黃巢傳》」；今考《新黃巢傳》並無其文，蓋據別書轉引，並未核對原文也。

財貨,唯驅丁壯為兵。(《舊紀》)十月,別隊破申州。(《新紀》)[231]十一月,克汝州。(《新紀》)[232]十七日(丁卯)[233],進平東都,留守劉允章率分司官屬迎謁,只供頓而去,坊市晏然,(《舊紀》)旋攻陝州。(《舊傳》)二十二日(壬申),克虢州(《舊紀》)檄關戍日,吾道淮南,逐高駢如鼠走穴,爾無拒我。(《新傳》)二十六日(丙子),攻潼關,(《舊紀》)[234]白旗滿野,不見其際,舉軍大呼,聲振河華。(《通鑑》)十二月二日(辛巳),下潼關,(《舊紀》)[235]過華州,使喬鈐留守[236]。

[231] 《通鑑》承《新傳》文(引見前注226),於破申州後稱,「遂入穎、宋、徐、兗之境」;按巢之攻洛,取道汝州,除穎州外,宋、徐、兗均偏在東北,就算放寬來說,亦非巢之主力。《史話》又言九月攻占泗州;(224頁)按《驚聽錄》引豆盧瑑奏,只言「淮南九驛,便至泗州」,《通鑑》亦只言盧攜請急發諸道兵扼泗州,並無巢克泗州事,《史話》之無根如此。
[232] 《通鑑》書在十日庚申之前。
[233] 《舊傳》、《新紀》及《通鑑》均同,唯《舊紀》作己巳,晚兩天。
[234] 二十二日克虢州,《新紀》、《通鑑》均與《舊紀》同;考虢州西北至潼關一百三十里,自關至華州一百二十里,又華州西至長安一百八十里。(《元和志》卷六及卷二)巢當時採取急進戰略,而唐軍方面,只有齊克讓以飢卒萬人,依託關外(據《通鑑》),無大力梗阻。若依《通鑑》十二月庚辰朔,巢前鋒方抵關下,則前去入虢已八日,未免太遲。張承範表稱:「到關之日,巨寇已來」,蓋謂到關之前,巢已攻潼,《通鑑》乃誤會為雙方同日到潼也。
[235] 《新紀》、《通鑑》皆作壬午(三日),當據宋敏求改編之《補實錄》,然自潼至京三百里,以其後來路程差距考量,則《舊紀》較可信。《史話》云:「張承範等十一月丁丑到潼關,十二月壬午失潼關,時間一共是六天。」(226頁)按《通鑑》明言,十一月「乙亥,張承範等將神策弩手發京師,……丁丑,承範等至華州,……十二月庚辰朔,承範等至潼關」,由承範庚辰至潼計至壬午失關(依《通鑑》言),前後僅三日。《史話》乃以至華之日為至潼之日,顛頇已極。且承範表稱「臣離京六日,甲卒未增一人」,係由乙亥數至庚辰,編史者未將史文從頭至尾仔細看過,因此又生「六天」之誤會。
[236] 《舊傳》作奮鈐,今依《通鑑》。但《通鑑》明年四月下又有華州刺史喬謙,不知是否同一人。

第四章　民變興起：百姓反抗與社會變革

四日,過昭應。(《舊傳》)[237] 五日(甲申)晡時,前鋒柴存入長安,金吾大將軍張直方率在京文武迎巢於灞上[238]。巢乘金裝肩輿,位次者乘銅輿,其徒皆被髮,約以紅繒,執兵衛者繡袍華幩,甲騎如流,輜重塞塗。入自春明門,坊市聚觀,尚讓慰曉市人曰:「黃王[239]為生靈,不似李家不恤汝輩,但各安家。」軍眾遇窮民於路,爭行施遺,尤憎官吏。十三日(壬辰),巢即皇帝位於含元殿,國號大齊,改元金統,悉陳文物,御丹鳳樓宣赦。赦書有云:「揖讓之儀,廢已久矣,竄遁之跡,良用憮然,朝臣三品以上,並停見任,四品已下,宜復舊位。」以妻曹氏為皇后,尚讓為太尉兼中書令,趙璋兼侍中,崔璆、楊希古皆同平章事,孟楷、蓋洪為左右僕射兼左右軍中尉,費傳古樞密使,鄭漢璋御史中丞,李儔、黃諤、尚儒為尚書,馬祥右散騎常侍,方特諫議大夫,王璠京兆尹,皮日休、沈雲翔、裴渥為翰林學士,許建、朱實、劉塘為軍庫使,朱溫、張言、彭攢、季逵為諸衛大將軍四面游奕使。又選驍勇形體魁梧者五百

---

[237]　昭應,宋改臨潼,西至京五十里,見《長安志》卷15。
[238]　《舊紀》、《舊傳》及《通鑑》均作甲申(五日),唯《新紀》作丙戌(七日);按韋莊〈秦婦吟〉:「前年庚子臘月五,……已見白旗來匝地。」無論如何,前鋒五日已入長安矣。金吾,《舊傳》、《新紀》、《新傳》及《通鑑》均同,唯《舊紀》云:「時右驍衛大將(軍)張直方率武官十餘迎黃巢於陂頭。」右驍衛想是兼任,陂頭必灞上地名。〈秦婦吟〉又云:「是時西面官軍入,擬向潼關為警急,皆言博野自相持,盡道賊軍來未及。」蓋義軍進行甚速,非一般人意料所及。
[239]　此當是俗間所用之稱呼,巢以前並未有王號,《補實錄》謂巢自稱黃王,殆因此而誤會者。

172

农民起義的巨大擴展

人曰功臣,令其甥林言為軍使[240]。下令,軍中禁妄殺人,悉輸兵於官。農民革命軍之光輝歷史,全是達於顛峰,禁令雖或不盡行,然〈秦婦吟〉有云:「千間倉兮萬斯箱,黃巢過後猶殘半,自從洛下屯師旅,日夜巡兵入村塢,……入門下馬若旋風,罄室傾囊如捲土。」人民對於義軍之感觀,已然此善於彼矣。

此種缺點猶其小焉者,巢入京後之第一個大失著,即縱僖宗徜徉入蜀,使其勢力得藉以號召,致李朝死灰復然,結果無異於削弱自己之勢力。先是,十二月甲申(五日),僖宗聞警,偕田令孜率神策軍五百,自金光門出[241],宦官西門匡範統右軍以殿,是日次咸陽。戊子(九日),至駱谷婿水驛。丁酉(十八日),次興元。《補實錄》謂巢曾派數萬眾西追,《通鑑考異》因其不言追及與否,又不言為誰所拒而還,棄而不取,所見甚當;誠以唐主等五日次咸陽,僅行四十里(參《元和志》卷一),

---

[240] 涉各項任命及其姓名,《舊紀》、《舊傳》、《新傳》及《通鑑》等各有詳略異同,今參合記之。趙璋,《筆耕集》卷11及《新傳》、《通鑑》同,《新傳》則傳古、全古並見。王璠,舊、新《傳》及《舊鄭畋傳》同,《通鑑》又璠、並見。此外朱實、劉塘、張言均見《舊傳》,《新傳》則作米實、劉瑭、張全。《史話》誤諫議大夫為御史大夫,誤傳達旨意之樞密使為軍事人員,所舉唐朝降官,最少漏掉楊希古(見本書第一章〈牛李結黨蠹國〉)、沈雲翔(見《舊紀》)二人,反之,以趙璋為降官,(均228頁)於史書無據。

皮日休事蹟,各書所記不同:《北夢瑣言》謂黃巢時遇害,《唐語林》謂寇死浙中,《該聞錄》謂陷黃巢,被誅,尹師魯則言其後依錢氏,官太常博士云云(《老學庵筆記》)。

[241] 《舊傳》云:「十二月三日,僖宗夜自開遠門出,趨駱谷。」與《舊紀》及《通鑑》異,其下文遞言「四日」、「五日」,則「三」非「五」訛,所謂傳聞異辭也。

173

第四章　民變興起：百姓反抗與社會變革

盩厔在長安西南百三十里,駱谷關又在盩厔西南百二十里,(《元和志》卷二)由此推之,五日至九日,平均每日只行五、六十里,神策軍皆疲敗不能戰。假使巢入京後立遣萬騎,以急行軍之勢追之(由潼入京,巢軍約日行百里),則唐主等盡可一網成擒,何至遺後來之禍根。估計巢既進京師,便急溫其帝皇之迷夢,與秦之陳涉、明之李自成略同,故不復謀及追僖宗也,革命勝敗之樞機,端繫於此。《史話》云:「在這種群情瓦解的情勢下,如果農民軍繼續西攻,盡力窮追,唐朝在陝西境內的武裝,當可全被擊潰的。可是從西元880年12月[242]到西元881年3月,農民軍卻在長安按兵不動,忙著列爵分土,忙著稱國號、改正朔、陳文物、易服色,登丹鳳樓,下赦書,向領袖黃巢,上承天廣運啟聖睿文宣武皇帝的尊號,以為一紙空文的赦書,就可以統一全國了。因此唐朝的殘餘反抗勢力,得到了喘息的機會,得到重新的部署。」(230頁)此一段批評,極為恰當。

---

[242]　就實際情況而言,巢入京之日已是西元881年。近人寫作,往往上係西元,下附舊曆月分,之於文義,實不可通(我亦曾犯此錯),如令外國人讀之,更易發生誤會。如為避免查對,我仍主張用「廣明元(西元880～881年)十二月」之記法,否則月分亦應查〈中西曆對照表〉改正,方兩不相違,餘可類推。

輝煌與衰落的交織

巢居京二年又四月,行動多不可知,概言之,謂從此走入下坡之途,諒無大誤。昔人言,日中則昃,盛極則衰,二者實不可以相比也;日月運行為自然規律,不可由外力改變;盛衰為社會變化,結合群眾力量,可使之配合變化而轉移。物必有腐,能推陳出新,則不至於全腐,巢之失敗,自是人事不濟,無可諱言。

於時,前龐勛部屬諸葛爽領代北兵馬駐櫟陽,來降,巢授為河陽節度[243],又河中留後王重榮初受命而旋叛,巢遣朱溫自同州、弟黃鄴自華州合擊之,大敗,失糧仗四十餘船[244]。

中和元年(西元881年),巢以朱溫為東南面行營都虞候,

---

[243] 《舊紀》記載,爽降巢於中和元年八月,當誤(見《殿本考證》),今從《新紀》及《通鑑》。《史話》云:「當時方鎮大使先後向新政府投降的,有忠武軍留後周岌,河中軍留後王重榮,感化軍留後時溥,平盧軍留後王敬武,河陽軍節度使諸葛爽。」(229頁)按之河陽節度使,係巢所授,(《舊書》卷182)非以河陽來降,《新紀》實創其誤。《玉泉子》稱,「黃巢入洛,(鄧廠)避亂於河陽,節度使羅元杲請為副使,巢寇又來,與元杲鼠鬥」;所謂「巢寇又來」,即爽受巢命而來也。周岌其時已正授節度,非復「留後」(見《通鑑》),時溥至中和元年八月方為留後,王敬武又遲至二年九月(此據《新紀》及《通鑑》,唯《舊紀》記在敬武留後於元年十月),時溥更無降附革命軍之事蹟,《史話》所敘,殊欠分明。

[244] 此據《通鑑》。《舊書》卷182〈重榮傳〉:「既而賊將朱溫舟師自同州至,黃鄴之兵自華陰至,數萬攻之,重榮戒勵士眾,大敗之,……朝廷遂授節鉞檢校司空,時中和元年夏也。」按《通鑑》,元年四月,以河中留後王重榮為節度使,《舊傳》所記「元年夏」,係指授官之時。

第四章 民變興起：百姓反抗與社會變革

攻鄧州。三月三日（辛亥），克之，遂命鎮守，以扼荊、襄。巢先遣將王暉召鳳翔節度鄭畋，畋斬暉，乃使林言、尚讓、王璠率眾五萬攻鳳翔。欺畋文人，不設防，陷於伏，畋軍追擊至岐山之龍尾陂，損失萬計[245]。時畿內諸鎮禁軍尚數萬，眾無所歸，畋乘勝聚集殘餘，與涇原節度程宗楚、秦州節度仇公遇等結盟，（據《舊鄭畋傳》檄文）移檄反抗。邠寧將王玫據邠州應義師，巢即以為節度[246]，旋被別將朱玫所殺，復附於唐。

於是反抗軍雲集畿輔，北面則由唐弘夫以涇原之師屯渭北，易定（即義武）王處存屯渭橋，東面有河中王重榮屯沙苑（同州），西面有鄜延節度李孝章、夏州節度拓拔思恭屯武功[247]，邠寧朱玫屯興平，鄭畋屯盩厔，義軍已處於被三面包圍之危險形

---

[245] 龍尾陂或作坡，二字通用。《舊傳》、《新紀》及《舊鄭畋傳》係此役於二月，《舊紀》、《通鑑》在三月，蓋其事互二、三兩月也。至於領兵者，《舊紀》、《新傳》著林言、尚讓，《舊鄭畋傳》及《通鑑》無林言而有王璠（唯《通鑑》此處作王播），《舊傳》只稱尚讓。「斬馘萬計」見《舊鄭畋傳》，《通鑑》作「斬首二萬餘級」。又《舊傳》中和二年有「二月，涇原大將唐弘夫大敗賊將林言於興平，俘斬萬計」一段，實元年事之誤編，看其後接敘王處存一段，應屬元年（參下頁注251），弘夫亦死於元年，便可比較知之。唯地點在興平小異，當是四月進逼京師前之另一戰役，應與《新紀》所云四月「程宗楚……唐弘夫及黃巢戰於咸陽，敗之」一段相當。

[246] 《新紀》二月下稱「邠寧將王玫陷邠州」，似王玫為起義之唐將，巢因而授以節度；《通鑑》四月下謂「黃巢以其將王玫為邠寧節度使」，恐不準確。

[247] 《舊紀》，七月下作孝章，三月下訛作孝恭，廣明元年四月下作孝昌；《新紀》作孝章；《新傳》則孝章、孝昌並見（《新黨項傳》亦作孝昌），《通鑑》作孝昌。又《舊傳》云：「鄜延拓拔思恭之師屯武功。」《殿本考證》謂「鄜延下當脫『李孝昌夏州』五字」，是也。

輝煌與衰落的交織

勢，諸葛爽亦以河陽叛[248]。

　　四月，宗楚、弘夫等在興平、咸陽（在興平東）再勝[249]，直逼京師。五日（壬午），巢潛軍東出，伏灞上[250]，宗楚、弘夫、處存等軍入京[251]，士無部伍，分占第宅，競掠貨財、妓妾。巢訶知其無備，十日（丁亥），分門復入，大敗官軍，殺宗楚、弘夫[252]，軍勢復振，處存率殘部還營[253]。十三日（庚

---

[248] 《史話》云：「感化軍節度使時溥、河陽軍節度使諸葛爽都先後叛歸了唐朝。」（232 又 236 頁）按溥未嘗降巢，見前文注 243，且溥八月才自為留後，三、四月時尚是牙將，尤顯顯《史話》之無稽。

[249] 《新傳》云：「於是中和二年二月也。」《通鑑考異》辨之云：「《舊紀》、《舊傳》、《新傳》皆云弘夫敗在二年二月，《驚聽錄》、《唐年補錄》、《新紀》、《實錄》皆在此年四月，《新紀》日尤詳，今從之。」按《舊紀》二年書弘夫勝，處存敗，《舊傳》亦只言二年處存敗，《考異》所辨，尚欠分明。關於興平或咸陽之役，已引，見前文注 245。

[250] 《舊紀》稱「賊偽遁去」，《新傳》稱「巢竊出至石井，……巢伏野，使舁城中弛備」，是巢為有意空城以誘官軍；《通鑑》最初只言「黃巢帥眾東走」，未免掩蓋當時真相。

[251] 宗楚、弘夫入京，只見《新紀》、《新傳》及《通鑑》。《新傳》、《通鑑》兼及處存，《新傳》更增邠軍（朱玫）。
《舊紀》、《舊傳》誤將處存事編入二年（見前文注 245）。《舊傳》云：「二年，王處存合忠武之師，敗賊將尚讓，乘勝入京師，賊遁去。」按《通鑑》五月始稱忠武周岌叛巢，以兵三千付楊復光，《舊傳》所稱「忠武之師」，是否為先時援京所留下，來歷不明，故從闕疑。《通鑑》敘入城事有云：「宗楚等恐諸將分其功，不報鳳翔、鄜夏，軍士釋兵入第舍，掠金帛。」
《史話》引文漏「恐」字，又誤讀「分其功不報」為句，「鳳翔、鄜夏」連下「軍士」為一小句，遂生出「把王處存、拓拔思恭也打得潰不成軍」之誤解（233 頁）。按鳳翔指畋，鄜指孝章，夏指思恭，思恭並未參與入京之役，故三日後（庚寅）得與巢軍戰於土橋也。

[252] 此據《新紀》及《通鑑》；《新傳》只謂害弘夫，故後來王鐸出總師干時，再見「程宗楚營京右」之記載。

[253] 處存原駐渭橋，還營者還渭橋也；沙苑是重榮屯地，此次並未參與入京，則渭橋、沙苑兩地恐未收復。《史話》云：「收復了渭北、渭橋、興平、沙苑幾個軍

177

第四章 民變興起：百姓反抗與社會變革

寅），又敗思恭、孝章於三橋[254]，部眾上巢尊號曰承天廣運啟聖睿文宣武皇帝。巢怒百姓迎官軍，下令洗城，凡丁壯皆殺之。唯時，東南外圍不知長安確切消息，同州刺史王溥、華州刺史喬謙、商州刺史宋巖皆棄城奔鄧州，朱溫斬溥、謙，釋巖使還商州。

五月，忠武監軍楊復光將忠武等兵八千人敗朱溫，復取鄧州，追溫至藍橋（在藍田關南），昭義節度高潯[255]又合重榮

事據點。」（233 頁）殊有言過其實之處，參下注 254。

[254] 《新》卷 221 上〈黨項傳〉稱：拓拔思恭「次王橋，為巢所敗」，王橋殆三橋之訛。在京城西，見《通鑑》卷 231 興元元年注。

[255] 周連寬針對高潯是高劭之誤，舉出二疑、三證，因之，又以《舊五代史》卷 20 之高劭為高劭之誤，（同前引文 41～43 頁）其錯蓋由於確定高潯即高劭而起。唐代許多將相，兩《唐書》皆未立傳，尤其唐末無實錄可據，潯之無傳，並不可疑。崔致遠《桂苑筆耕集》卷 12 之〈報昭義成璘〉，係迎潯之家口，卷 15 之〈為故昭義僕射齋詞二首〉，又是祭潯之作，周疑「《筆耕集》毫不提及」，實緣彼先確立「高潯即高劭」之錯誤前提而衍生。所提三證，今不必逐一駁斥，只舉兩項反證，便知潯、劭各為一人，斷乎其不能併合也。「中和二年七月二十三日，為故昭義姪孫僕射及二孫子敬設齋於法雲寺」，（《筆耕》卷 15）則潯是高駢姪孫，「臣堂姪男劭」，（同上五）則劭是駢之堂姪，二人世系相差一代，潯、劭不能強併者此其一。潯於咸通九年已為安南都護，乾符六年二月由陝虢觀察使轉昭義節度使，此為周氏已承認之事實；劭官則依〈奏姪男劭華州失守請行軍令狀〉云：「比在河中司錄，得受李都指揮，領昭義之甲兵，收華州之城邑，……已蒙特降殊恩，俯旌微效，服榮金紫，位忝星郎，始離蒲阪之具寮，遽假蓮峰之通守。」（同上）比在二句言李都節度河中時，劭為蒲州司錄參軍，服榮金紫四句言其以收復華州有功，得賜金紫及檢校郎官之職銜，且由司錄參軍超升為華州別駕（通守是隋末所設，位次於太守）。由是言之，巢入京時，潯是檢校僕射（從二品）、昭義節度，劭不過司錄參軍（七品），受薦提升之後，仍止四品，職位之高下懸殊。且《舊紀》稱以王徽代潯，貶潯端州刺史，若由別駕改刺史，則不是貶而是升，不能強併者此其二。周氏無非強調同是收復華州，同屬昭義部隊，同為高駢親人，然只見其小同而未見其大異。領昭義兩句言劭係收華州內有功人員，論劭之官，此時已隸於重榮（重榮繼李都為河中節度），論其軍團，則高潯所部，劭在高潯與重榮聯合率領之下，參

取華州,於是南路同感威脅。六月十五日(辛卯),王璠圍興平,朱玫退屯奉天[256]。七月,孝章、思恭進壁東渭橋,遣朱溫拒之[257]。八月,巢將李詳敗高潯於石橋,復取華州[258],即授詳華州刺史,潯退至河中。九月一日(丙午),尚讓、朱溫敗孝章等於東渭橋[259],十一月一日(乙巳),孟楷又進襲富平,孝章、思恭各率兵歸於本道。

中和二年(西元882年)二月一日(甲戌),朱溫再取同州[260],以溫為刺史[261]。維時京畿百姓皆寨於山谷,耕耘荒廢,義師坐空城,賦輸無入,穀食騰踴,米斗三十千,屑樹皮

加取華,不一定就與潯為同一人。駢文敘事,容有辭不達意,周既未細加分析,又把劭看作是取華之唯一領導者,故鑄此錯。此外,潯於本年被殺,依周之解釋,即劭於本年被殺,由是,對光啟年間尚生之高劭,不得不別覓一高劭以為代之。按《舊五代史》卷20〈劭傳〉云:「高劭字子將,淮南節度使駢之從子也,……唐僖宗避敵在蜀,駢鎮淮南,……以故劭幸而早官,年十四,遙領華州刺史,光啟中,以駢命遏晉公王鐸於鄭。」與《筆耕》之高劭,大致符合(只誤別駕為刺史),而周偏謂其「毫不相類」。若高劭之官,則是「前鄂州都團練副使,……始佐理於江陽,旋從知於寒壤」,(《筆耕集》卷四)與薛史所記不符,而周偏斷薛史之「劭」為「劭」訛,何也?竊嘗合〈奏華州失守狀〉及〈劭傳〉觀之,相信無論河中司錄或華州別駕,都同於近世之掛名保舉,未嘗之官,〈失守狀〉所云「旋見脫歸」,只是門面婉轉之語,周氏乃以比潯「奔河中」,則又誤虛為實也。

[256]　《舊紀》係於八月,《新紀》、《通鑑》同作六月,《新紀》又著日,故從之。奉天今乾縣。依此,知興平據點,亦至是始被義軍攻克。
[257]　參據《通鑑》及《新傳》。
[258]　《舊紀》誤作「同州」。
[259]　月日據《新紀》,《通鑑》本年下漏書九月,故讀來一如八月之事。
[260]　日據《新紀》。《通鑑》云:「同州刺史米誠奔河中。」唯《新傳》云:「朱溫以兵三千掠丹、延南鄙,趨同州,刺史米逢出奔,溫據州以守。」刺史名與《通鑑》異。
[261]　此據舊、新《傳》及《通鑑》;《舊紀》及《新五代史》卷一稱為「同州防禦使」。

第四章 民變興起：百姓反抗與社會變革

充食，或以金玉買人於官軍，每口直數十萬[262]，山寨避亂者多為諸軍所執賣。〈秦婦吟〉云：「尚讓廚中食木皮，黃巢機上刲人肉，東南斷絕無糧道，溝壑漸平人漸少。」長安革命軍所處態勢，至此幾同於甕中之鱉。

同時，唐朝因都統鄭畋去歲被大將李昌言逼走，高駢不肯出兵，改用首相王鐸為都都統[263]，從新部署其攻圍隊伍；鐸自將山南、劍南軍屯靈感祠，重榮、處存屯渭北，孝章（保大軍）、思恭（定難軍）屯渭橋，朱玫屯興平，復光領忠武軍屯武功[264]。巢號令所行，不出同、華，義軍內部，開始崩潰，潼關守將成令瓌首率眾四萬人、馬軍七千騎擘隊奔逃，南投高駢[265]。

---

[262] 此據舊、新《傳》，《舊紀》及《通鑑》作數百萬。
[263] 按鐸為都都統，權知義成節度或記在中和元年（西元881年），或記在二年，各說不同（參《通鑑考異》卷24）。今本《考異》說：「又《舊紀》、《舊傳》、《新傳》鐸止為都都統《新紀》作都統。」按今《新紀》實作「都都統」（《考異》前文引《新紀》同），《舊紀》、《舊傳》及《新傳》只作「都統」，今本顯傳刻之訛，應正作「又《舊紀》《舊傳》、《新傳》鐸止為都統，《新紀》作都都統」，須這樣修改，然後文氣乃通。《考異》又稱：「《實錄》，初除及罷時皆為都統，中間多云都都統，又西門思恭為都都監，按時諸將為都統者甚多，疑鐸為都都統是也。」1954年5月廣州越秀山發現《王渙誌》，誌稱：「初僖皇之幸蜀也，時王公以相印總戎，鎮臨白馬，仍於統制有都都之號。」千年疑竇，得此志可以解決矣，說詳拙著〈從〈王渙墓誌〉解決晚唐史一兩個問題〉。
[264] 當日入援者如忠武、感化，都由別將統領，《史話》乃云：「當時王鐸聯合的兵力，計有忠武軍周岌、威（感之誤）化軍時溥……」（236頁）讀者頗易誤會為岌、溥親自上陣，此則措辭失當也。
[265] 駢〈奏誘降狀〉云：「草賊黃巢下擘隊賊將成令瓌徒伴四萬人，馬軍七千騎。右件賊徒元受黃巢指使，占據潼關，尋自擘隊奔逃，所在燒劫，就中蘄、黃管內，最甚傷殘，……以今月二十三日部領手下兵士，到楚州倒戈訖。」（《筆

輝煌與衰落的交織

　　五月,圍奉天節度齊克儉於興平[266]。六月,尚讓攻河中,破重榮於河上,遂拔郃陽(今同名),進攻宜君砦[267]。七月,攻武功[268]。義軍內部分裂情形,至朱溫降唐而更加顯著。時唐河中軍糧艘三十道出夏陽(今韓城),溫劫取之,重榮率眾三萬來援,溫懼,鑿沈其舟。河中軍悉眾來圍,溫數請濟師,知右軍事孟楷抑之,不報。九月十七日(丙戌),溫殺其監軍嚴實[269],帥大將胡真、謝瞳[270]舉同州降重榮,唐授為金吾衛大將軍、河中行營招討副使[271],賜名全忠。李詳素與溫善,巢遣

耕集》卷五)狀下文有與時溥交惡之語,令瓌拔離潼關,當是本歲春間或以前之事。

[266]　《通鑑》云:「黃巢攻興平,興平諸軍退屯奉天。」不提克儉。按《新傳》有「齊克儉營興平,為賊所圍,決河灌之,不克」,當係同一事件;但興平在渭水流域,用「河」字頗易令人誤會。胡注只言「時鳳翔、邠寧軍駐興平」,亦未與《新傳》詳細比對驗證。

[267]　《舊紀》及《通鑑》係於七月,《新傳》在六月。高駢〈賀表〉云:「得進奏院狀報,北路軍前定難軍節度使拓拔思恭、保大軍節度使東方逵等奏,宜君縣南殺戮逆賊黃巢徒伴二萬餘人,生擒三千人並賊將者;又鳳翔節度使李昌言奏,探知京中賊徒潰散,六月十三日,皇帝御宣政殿,……」(《筆耕集》卷一,又卷六〈賀狀〉略同)則宜君之役,似在五、六月間。但《舊紀》又云:「雨雪盈尺,甚寒,賊兵凍死者十二三。」(《新傳》、《通鑑》同)六、七月時皆似不應有此大雪(是年閏七月)。

[268]　《新傳》云:「七月,賊攻鳳翔,敗節度李昌言於潦水,又遣彊武攻武功、槐里,涇邠兵卻,獨鳳翔兵固壁。」按潦水出鄠縣,東北入咸陽,鳳翔則在武功之更西,疑所攻者只鳳翔軍,非鳳翔轄境,今節取之。

[269]　《舊紀》記載溫降於八月庚子朔,茲從《新紀》及《通鑑》。殺監軍嚴實見《舊紀》及《通鑑》,《新傳》則稱「即斬賊大將馬恭」,大概是所殺者不止一人。

[270]　《新五代史》卷一及《通鑑》作瞳,《舊紀》作曈。

[271]　《新紀》、《通鑑》作右金吾,《新五代史》作左。《舊紀》云:「拜華州刺史、潼關防禦鎮國軍等使。」《通鑑》云:「以溫為同華節度使。」按華州是時不在唐軍手中,事同於惠而不費,未必如此惡作劇。《通鑑》既記同華節度,又於十月下再著授官,與《新紀》同,尤不可信,因同、華二州,唐代向來分治也。《史

181

第四章　民變興起：百姓反抗與社會變革

人殺之,使其弟鄴代為刺史[272],十一月,詳舊部王遇等逐鄴,以華州降唐,唐授王遇為華州刺史[273]。

　　仙芝遇沙陀而慘敗於江陵,巢遇沙陀而慘敗於長安,前後如出一轍,江陵之敗,注定仙芝的末路。「鴉軍至矣[274],當避其鋒」,(語見《通鑑》)義師既患內衰,應當先謀自處之道;況同、華失守,左翼洞開,敵人隨時可能渡河,如估計無力阻止,則應暫避其鋒,此稍諳兵略者之所知也,而巢竟如毫無感覺者。先是,中和元年三月,代北監軍陳景思言於唐,請招沙陀李國昌、克用父子以拒巢,克用至河東,與節度鄭從讜交惡,轉掠諸州,事經年餘,畿輔部隊與義師相持,無敢力戰,楊復光等再提前議,說王鐸召克用,一面諭從讜示意。十一月,克用將沙陀萬七千騎[275],經嵐、石路趣河中。十二月,自夏陽渡河。中和三年(西元883年)正月,破巢弟黃揆軍,

---

　　　話》引《通鑑》此一段,竟誤題作「《唐書‧黃巢傳》」。(237～238頁)
[272]　《舊紀》作黃鄴。《新傳》在此處作黃思鄴,《通鑑》承用之,故兩書皆前後矛盾。
[273]　鄴並未死,《考異》已辨《補實錄》之誤。《舊紀》十一月下:「賊將李詳下牙隊斬華州守將歸明,王鐸用其部將王遇為刺史。」「部將」指詳之部下。《新傳》云:「巢以王遇為刺史,遇降河中。」似是誤會。
[274]　《新五代史》卷四:「克用少驍勇,軍中號曰李鴉兒。……巢黨驚曰,鴉兒軍至矣。」《通鑑》則謂「克用軍皆衣黑,故謂之鴉軍」,解釋不同,似前說較可信。呂振羽稱唐求助於突厥、吐蕃(同前引書200頁)按就族類而言,沙陀可屬「突厥族」,但非隋、唐時之「突厥」。而吐蕃時方衰弱,唐並無求助之舉。
[275]　《舊紀》與《新五代史》同。《通鑑》於十一月下既稱萬七千,十二月下又作四萬,蓋雜採兩項史料而未能擇取者(《新書》卷218〈沙陀傳〉作步騎三萬五千)。

二日（己巳）進屯沙苑。二月十五日（壬子）再進至乾坑[276]，林言、尚讓、趙璋等率眾十萬，與克用戰於成店，大敗，死者數萬，被追至良天坡[277]，唯王璠、黃揆乘隙取華州。二十七日（甲子），克用圍華，塹柵以環之[278]，三月六日（壬申），尚讓引兵往援，敗於零口[279]，二十七日（癸巳），克用拔華州，揆率眾出走[280]。四月四日（庚子），沙陀、忠武、河中、義成、

[276] 月日據《通鑑》，唯《舊紀》、《舊傳》、《新傳》及《新五代史》均附正月下。胡注：「乾坑在沙苑西南。」按《元和志》卷二，沙苑在同州南十二里，乾坑在州西三十里，則乾坑似在沙苑西北。《舊紀》云：「己巳，沙陀軍進屯沙之乾坑。」係誤合兩地為一地。

[277] 此役，《舊傳》、《新傳》及《通鑑》皆記在二月。《舊紀》及《新五代史》記在三月。十萬之數，據《舊傳》、《新傳》，《通鑑》作十五萬。良天名，據《舊紀》，唯《舊傳》、《新傳》、舊新〈王重榮傳〉、〈新沙陀傳〉、《新五代史》及《通鑑》均作梁田。《舊紀》云：「三月丁卯朔，壬申，沙陀軍與賊將趙璋、尚讓戰於成店，賊軍大敗，追奔至良天坡，橫屍三十里。」成店、良天二地都未確知所在地，丁謙《沙陀傳考證》云：「梁田坡在同州西南，《通鑑》載，克用敗賊於沙苑，即係此戰。」按同州西南一句，只意想得之，依《通鑑》，沙苑、梁田坡二役亦先後不同，丁氏誤。又《舊重榮傳》於朱溫既降之後，重榮、復光謀召克用之前，敘稱：「黃巢自率精兵數萬至梁田坡，時重榮軍華陰南，楊復光在渭北，掎角破賊，出其不意，大敗賊軍，獲其將趙璋，巢中流矢而退。」《新》卷187〈王重榮傳〉同；按未召克用之前，趙璋如已被執，此時不應復在巢軍，是知舊、新〈王重榮傳〉都誤為中和三年之事，倒敘在先。

[278] 〈秦婦吟〉云「又道官軍收赤水，赤水去城一百里」，記在三月之前；按《長安志》卷11，「竹谷在（萬年）縣南六十里，《方輿記》曰，竹水，俗謂之赤水」，畢沅「案《水經注》云，竹水南出竹山，……俗謂之大赤水，北流注於渭，即此水也」，依此求之，收赤水當是圍華前後之事。

[279] 《舊紀》以良天坡之敗係於壬申，《新紀》未提良天坡，只云「壬申，李克用與黃巢戰於零口，敗之」；據《長安志》卷15，零口鎮在臨潼縣東四十五里，約長安、華州間之半途。《新傳》及《通鑑》都分良天坡、零口為兩役，可信非同一地點，但未知日期孰是耳。

[280] 《舊傳》云「黃揆棄華州，官軍收城」，附二月下，《新傳》略同。《舊紀》則云：「二月，沙陀攻華州，刺史黃鄴出奔，至石堤谷，追擒之。」《新五代史》亦云：「二月，敗巢將黃鄴於石堤谷。」「鄴」應「揆」之誤。但無論為揆為鄴，此時都

第四章　民變興起：百姓反抗與社會變革

義武等軍合趨長安,義師拒戰於渭橋,大敗而還[281]。先是,義師發兵三萬扼藍田道,陰作退走計,八日(甲辰),巢率部出藍田七盤路,入商山東走[282],克用自光泰門先入[283],諸軍大肆虜掠。

五月,前鋒孟楷攻蔡州,節度秦宗權降[284]。楷移兵攻

未被擒,《舊紀》不可信。月日今據《通鑑》書之。

[281] 此據《舊紀》及《通鑑》;《舊傳》稱「四月八日,克用……遇賊於渭南,決戰三捷」,八日即甲辰。《新紀》亦稱,「甲辰,又敗之於渭橋」,據《長安志》一一,渭橋鎮在萬年縣東四十里,即東渭橋李晟屯兵處。《史話》云:「黃巢集中十五萬大兵,扼守渭橋,雙方展開了激戰之後,農民軍一面擊退了唐軍的進攻,……」(241 頁)按《新傳》云「巢夜奔,眾猶十五萬」,是言巢離長安時猶有此數,非空城而出以扼守渭橋。至渭橋(或渭南)一役,無論《舊紀》、《舊傳》、《新紀》、《新傳》、《新五代史》及《通鑑》,均說巢軍失敗,《史話》易言為「擊退唐軍」,直是扭曲史實,使人得不到革命軍何以失敗的教訓。

[282] 《考異》據楊復光露布(見《舊紀》、《舊傳》),斷巢離長安為四月八日。按《後唐太祖編年錄》、《唐年補錄》均稱巢九日乙巳出走,《梁太祖編年錄》稱乙巳出走,翌日官軍入京,《舊傳》稱十日(丙午)夜出走,詰旦克用入京。《新紀》取丙午復京師之說,《補實錄》取乙巳收京師之說。此外,張《耆舊傳》稱中和三年正月十日,句延慶《耆舊傳》稱四年正月十日收復長安,年月雖有錯訛,而為十日則相同。《舊紀》稱「己卯,黃巢收其殘眾,由藍田關而遁,庚辰,收復京城」,四月內固無己卯、庚辰(以上均見《考異》),但假己、庚為癸、甲之訛,則《舊紀》又與復光露布相合。所難決者,高駢〈賀收復京闕表〉云:「得河中節度使王重榮牒報,四月十日,當道與雁門節度使李克用及都監楊復光下諸都馬軍,齊入京城,與賊交戰,約殺卻賊軍一萬餘人,其馬軍賊便走出城,往東南路去。」(《筆耕》卷一,同書卷六〈賀狀〉略同)固作十日,此為司馬氏未見之另一重要史料,亦許分隊退卻,故記載有參差。七盤山在藍田縣南二十里(《長安志》卷16,藍田關在縣東南九十里,(《史記正義》引《括地志》)又長安東南至商州二百六十五里。(《元和志》卷一)

[283] 據《長安志》卷六,禁苑東面二門,南曰光泰門。《補實錄》謂巢「收餘眾,自光泰門東走」(據《考異》引),蓋誤官軍之入路為義師之出路。

[284] 高駢〈致葛爽書〉云:「訪聆賊巢自逃商嶺,久逼許田,蔡師相連,狂鋒尚熾。」(《筆耕集》卷八)

輝煌與衰落的交織

陳州，刺史趙犨逆戰，生斬楷，巢怒，六月，悉眾攻陳州，營於城北五里[285]，為持久之計，旁略唐、鄧、許、汝、孟、洛、鄭、汴、曹、濮、徐、兗等州。於是感化時溥、宣武朱溫相繼為陳助[286]，犨又求援於克用，唐廷亦詔克用出兵。（見《舊紀》）時關東仍歲大饑，木皮革根皆盡，至俘人為食。十一月，宗權圍許州。十二月，溫敗巢軍於亳之鹿邑，遂取亳州（宣武轄）。中和四年（西元884年）二月，克用出師援陳許[287]，為河陽諸葛爽所拒，三月十三日（甲戌），移軍自蒲陝濟河，東下洛陽、汝州，四月二十四日（甲寅），次汝州[288]。時尚讓屯太康（陳州北），黃鄴屯西華（陳州西），稍積芻粟（《舊紀》），二十九日（己未），沙陀分兵攻太康、西華，卅日

[285] 《新紀》記載攻陳於八月，茲從《舊紀》及《通鑑》。
[286] 《舊紀》云：「賊攻（陳州）城急，徐州節度使時溥、許州周岌、汴州朱全忠皆出師護援之。」此於辭義尚無影響。《通鑑》乃稍改其文，於秦宗權圍許之下，始稱，「趙犨遣人間道求救於鄰道，於是周岌、時溥、朱全忠皆引兵救之」，則大有語病；所因岌節度忠武，陳州是其本身的管轄範圍，不得謂之「鄰道」，而且忠武治許州，於時岌本身尚在被圍，何從引救？以是見改編舊史之工作，稍一失檢，便生新的錯誤。
[287] 《考異》云：「《唐末見聞錄》，晉王三月十三日發大軍討黃巢；……案四月已與巢戰，三月十三日發晉陽，似太晚，……今從《舊紀》。」按舊、新《傳》均以為克用二月由蒲陝濟河，唯《舊紀》云：「三月壬戌朔，甲戌，克用移軍自河中南渡，東下洛陽。」甲戌即十三日，今《通鑑》云：「二月，……自陝、河中度河而東。」所依者乃舊、新《傳》之說，非《舊紀》之說，《考異》竟以為從《舊紀》，未免有點糊塗。若《唐末見聞錄》之誤，不過將渡河之日，記為出發之日耳。
[288] 《通鑑》：「夏四月，癸巳（三日），諸軍進拔太康，黃思鄴屯西華，諸軍復攻之，思鄴走。」與《舊紀》不合，蓋採自《舊傳》，唯特著癸巳，未審所據，今依《舊紀》。又，宗權再次附唐，應在此時。

第四章　民變興起：百姓反抗與社會變革

（庚申），讓、鄴皆走，退保郾城[289]，巢本人亦解圍，退軍故陽里（陳州城北），革命軍圍陳，至是已逾三百日矣。

五月三日（癸亥），巢引兵西北趣汴州[290]，七日（丁卯），次尉氏[291]，八日（戊辰），至中牟北王滿渡，半濟汴，沙陀突至[292]，殺傷萬餘，義師大潰；尚讓率部萬人歸時溥，別將楊能、李讜、霍存、葛從周、張歸霸、張歸厚等降朱溫[293]。巢

---

[289] 《舊紀》：「黃巢亦退保郾城。」郾城在西華西南，余初頗疑其不實，後乃悟此乃指巢之外圍部隊，因官軍從北而來，故初時須向西南退卻也。

[290] 《通鑑》作「東北」，非也。又在此之前，《新紀》云「五月辛酉（一日），朱全忠及黃巢戰，敗之」，未舉地點。佐野稱中和四年巢在汴州為其部下所殺，（《中國歷史教程》251 頁）大誤。

[291] 《通鑑》三月下云：「朱全忠擊黃巢瓦子寨，拔之，巢將陝人李唐賓、楚丘王虔裕降於全忠。」按《新五代史》卷 21〈唐賓傳〉：「初為尚讓偏將，與太祖戰尉氏門，為太祖所敗，唐賓乃降梁。」則唐賓降溫於尉氏，瓦子寨未知是否屬尉氏轄境。又同書二三〈虔裕傳〉：「琅琊臨沂人也，……少從諸葛爽起兵青、棣間，……中和三年，孫儒陷河陽，虔裕隨爽奔於梁，是時太祖新就鎮，黃巢、秦宗權等兵方盛，……」按孫儒陷河陽在光啟二年十二月，《新五代史》固然有誤，但依彼所言，虔裕未嘗直隸黃巢，且籍貫亦異，不知司馬何據。

[292] 《通鑑》云：「丙寅（六日），克用……發許州。」依兩軍交戰地理觀之，其說可信。《舊傳》以為「賊分寇汴州，李克用自鄭州引軍襲擊，大敗之，獲賊將李用、楊景」；《新傳》又以為「巢取尉氏，攻中牟，兵度水半，克用擊之，賊多溺死，巢引殘眾走封丘，克用追敗之，還營鄭州，巢涉汴北引，夜復大雨，賊驚潰，克用聞之，急擊巢河瀕，巢度河攻汴州，全忠拒守，克用救之，斬賊驍將李周、楊景彪等，巢夜走胙城，入冤句」，說來都相當曲折，《新傳》尤其難通。彼所謂「度水」、「涉汴」及「度河」，實際上均是渡汴（唐時黃河經濬、滑東北出，不過汴州，封丘、胙城在黃河之南）。從南方來只需一渡，無緣三渡，克用對巢採取緊逼戰略，可由後來行事佐證，何故西赴鄭州（在汴州西一百四十里）？此蓋宋祁雜採《舊紀》、《舊傳》及其他史料，無法妥善擇取連貫，故有此不合事理之復述。李用、楊景，即李周、楊景彪之訛誤，但《舊紀》稱：「李周、楊景彪以殘眾走封丘」，又與《舊傳》異。

[293] 各名據《新傳》；《舊紀》無歸厚，《通鑑》無楊能，《舊傳》有「楊霍」，當即「楊能、霍存」之殘文。

186

挾殘眾，逾汴而北，九日（己巳），又被克用追敗於封丘，獲巢之幼子，巢東走，只餘千人。十日（庚午），克用仍緊追不捨，過胙城、匡城（均屬滑州），一日夜行二百里，至冤句，以馬乏而還[294]。巢眾散入兗、鄆界。二十日（庚辰），溥遣李師悅、陳景瑜等追巢[295]。六月，鄆州節度朱瑄破之於合鄉（地屬滕縣），十五日（甲辰），師悅等又敗之於萊蕪縣北[296]。十七日（丙午），巢行至泰山狼虎谷[297]之襄王村，追者已逼，巢囑林言斬之，言不忍，巢遂自刎，言斬巢兄弟鄴、揆等七人首[298]，並殺巢妻子。將詣時溥，遇太原、博野軍，並殺言。巢自起義至亡，計先後十年[299]。

---

[294] 此據《舊紀》。《舊傳》則作「追擊至濟陰而還」；按濟陰為曹州治，西南至汴州二百四十五里，冤句在濟陰西四十七里（《元和志》卷11）。《新傳》言巢奔兗州，乃過曹州以後之事（兗在曹州東三百七十里）。《新紀》稱，辛未（十一日），「李克用及巢戰於冤句，敗之」。只是想當然之記敘；如克用果追及巢於冤句，即不至遽行西旋矣。

[295] 《筆耕》卷一及《新傳》皆作景瑜，《舊紀》訛作景思；唯《舊傳》謂溥「遣將張友與尚讓之眾掩捕之」。

[296] 《通鑑》云：「甲辰，武寧將李師悅與尚讓追黃巢至瑕丘，敗之。」（瑕丘，兗州治）除月日外，事實本自《舊紀》。按高駢〈賀殺黃巢表〉稱，得時溥狀報：「黃巢、尚讓分隊並在東北界，於六月十五日，行營都將李師悅、陳景瑜等於萊蕪縣北，大滅群凶，至十七日，遂被賊將偽僕射林言梟斬黃巢首級，並將徒伴降部下都將李惟政、田球等訖，其黃巢函首已送行在者。」（《筆耕集》卷一）；萊蕪更在瑕丘東北二百六十里，今從《筆耕》。

[297] 《舊紀》作七月癸酉（十五日），蓋誤六月為七月；《新紀》作七月壬午（二十四日），依《舊紀》乃報抵成都之日，今據前條引《筆耕》。《通鑑》胡注云，狼虎谷在泰山東南萊蕪界。

[298] 《新傳》云：「及兄存、弟鄴、揆、欽、秉、萬通、思厚。」《舊傳》七人中只著鄴、揆兩名。

[299] 畢沅《關中金石記》卷八〈元順帝至正甲午修忠惠王廟碑跋〉云：「忠惠王者唐

187

第四章　民變興起：百姓反抗與社會變革

巢之姬妾，械至成都，僖宗宣問何故從賊。其居首者對曰：「狂賊凶逆，國家以百萬之眾，失守宗祧，播遷巴蜀，今陛下以不能拒賊責一女子，置公卿將帥於何地乎！」僖宗即不復問，皆戮於市，人爭與之酒，居首者獨不飲不泣，至於就刑，神色肅然。此一段故事，司馬光引自張《錦里耆舊傳》，其

刺史崔堯封也；或曰，堯封名偉，中和三年黃巢亂，有太白山人獻計於偉曰，一發牛山，巢滅，掘之，得黃要獸，置劍其上，斬之，巢敗，偉由是得道，至宋封為忠惠王。」此齊東野人之言也。
《平巢事蹟考》一書（石印奇晉齋本）舊題宋人撰，顯係綜合《舊書》、《新書》尤其是《通鑑》，而以己意裁成者，別無重要殊異，其中不合之處，已分見各注，此處只順次摘要指出，無煩再加討論矣。例如乾符元年仙芝起於長垣，三年七月宋威擊仙芝於沂州，大破之，四年十月仙芝陷安州，五年（二月後，七月前）巢陷虔、吉、饒、信等州，十月遂陷福州（《新紀》、《通鑑》皆作十二月，殆誤脫「二」字），六年正月節度使高駢遣使分道擊黃巢，大破之，李係將兵五萬屯澶州（澶是「潭」之訛誤），其餘錯字不復一一校。
此書之抄撮舊史，可舉二三事為證：
（一）「高駢奏請遣兵馬使張璘將兵五千於彬州守險……扈管兵五千壁端州。」此是合抄《新高駢傳》及《通鑑》，彬應作郴，扈應作邕。
（二）「忠武監軍楊復光率陳蔡兵萬人屯武功，王重榮與連和，擊賊將李詳於華州，執以殉（徇），賊使尚讓來攻，而朱溫將勁兵居前，敗重榮兵於西關門，於是出兵陳蔡，掠河中漕米數千艘。」此一段抄自《新》卷187〈重榮傳〉，而《新傳》執李詳之一節又本自《舊》卷182〈重榮傳〉（《舊傳》作李祥），但李詳後來實為黃巢所殺，此時未被執徇，舊、新〈重榮傳〉當誤。復次，《新重榮傳》本云「出兵夏陽」，此乃作「出兵陳蔡」，則差以千里。（《新黃巢傳》之「使朱溫攻四關」，以《新重榮傳》證之，知係「攻西關」之訛）
（三）中和二年十月後稱，「賊帥韓秀昇，屈行從斷峽江路」，此句係抄自《通鑑》，但韓、屈為長江民軍，與黃巢無關。又如陷虔、吉、饒、信，此書放在乾符五年二月後、七月前，不過依照《舊紀》、《通鑑》記之（原作三月），並非謂即二月之事，桑原乃引作「二月」（《唐宋貿易港研究》附表），可謂呆讀史書。
總而言之，此書不過抄撮舊文，對於黃巢事蹟之研究，實在無絲毫幫助，自可束之高閣，是為定評。韓考屢引此書作重要佐證，是未進行比較以確定其是否可信。

答辭當然經過文飾,然義烈之氣,已躍然紙上。巢一門群從,胥以革命犧牲,更有此從容就義之女子,是值得大書特書者。巢之從子浩,巢死後率眾七千,游擊江、湖間,自號浪蕩軍。天復初(西元901年)始為湘陰惡霸所刺殺[300]。

　　巢自仙芝死後,獨樹一幟,率領革命,從滑、濮南下,而淮南,而兩浙,而閩,而粵,再經桂、湘,入江陵,順流而下,至於贛、皖,歷時僅兩年,走過唐代十道的七道(河東、隴右、劍南除外),前清十八省的十三省(山西、甘肅、四川、雲、貴除外),走一遭萬里以上象字形的大圈子,不僅明代以前任何革命首領都未嘗做過如此大冒險,即使近代的太平天國,專就此點而論,亦未能與之媲美。當革命隊伍行進時候,曾預備循浙海以達福州,曾穿越長七百里之山道,曾建造數千條轉運大筏,技術是何等優良,精神是何等無畏。方其從汝州推進,僅及一月,便踏平兩京,進展是何等迅速。初至潼關,「白旗滿野,不見其際」,「舉軍大呼,聲振河華」,軍容是何等整肅壯大。「自淮已北,整眾而行,不剽貨財」,入東都之日,「坊市晏然」,被視為「草賊」之隊伍,本極不容易博得如此稱譽,而尚幸有少許公論,流露於史籍行間,我相信巢所率領之革命隊伍,仍有不少可歌可頌之事蹟而未能傳今者。

---

[300]　此據《新傳》。韓考引《九國志》卷11〈鄧進忠傳〉,浩為巢弟,並未被殺,與《新傳》異,(133頁)則《新傳》所記,未必信史。

第四章　民變興起：百姓反抗與社會變革

　　關於革命軍之政令，獲得資料無多，只如在廣州布告，「禁刺史殖財產，縣令犯贓者族」；到長安時，「軍中禁妄殺人，悉輸兵於官」，「尤憎官吏」。要其大旨，無非禁止貪汙，維持紀律，鎮壓反革命，都是革命團體應做之事。

　　史籍上屢次說巢擬降唐，許是處緊急關頭暫謀緩兵之計，論史者應更略跡原情；《續寶運錄》曾稱巢「並所賜官告並卻付（仇）公度」，（《考異》卷 24 引）方是真性情之表現。

　　總而言之，巢性堅定，善忍耐，富有冒險精神，不肯屈服妥協，終為革命行動而光榮犧牲。唯具此優良特質，才能領導群眾，長達十年。

　　然而巢終至失敗，任何行動之失敗，必自有其原因。現在所見記載，都屬外間作品，未嘗有局中人揭露其內幕，論列時難免犯隔靴搔癢之病，今暫且結合片段資料，試做表面評論，以供討究。

　　第一疏失在入長安後，不立作斬草除根之計，此點前文已經指出。朱溫移唐祚，未嘗十分棘手之故，就在首清宦官、次摧朝士以剪其羽翼，溫固非革命，然其手段卻能抓緊重點。

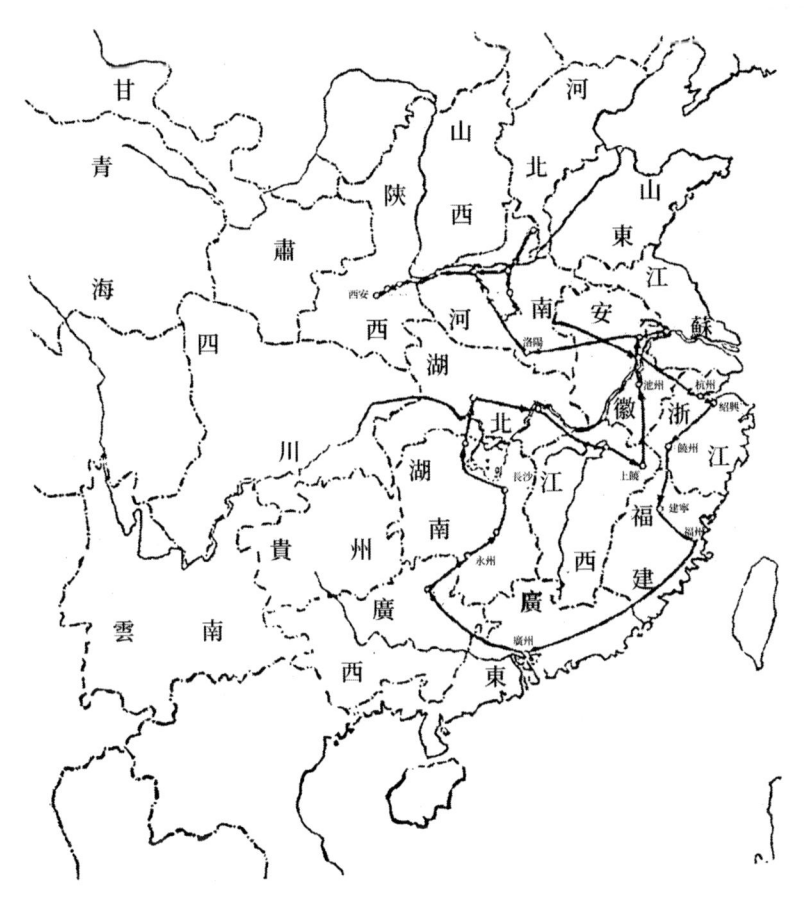

圖三　黃巢南北大轉戰途經略圖（用近世地名標注）

第二疏失在物質引誘，革命變質，結果使到隊伍沾染城市之腐化，降低作戰之士氣，另一方面又招致及加深群眾反感。原夫純潔隊伍，是極為難辦之事，何況於中古時代統領數十萬

第四章　民變興起：百姓反抗與社會變革

大軍,《新傳》所稱「賊酋擇甲第以處,爭取人妻女亂之」,破壞紀律,總或不免。沉溺於享樂者日深,斯奮鬥之雄心銳減,尚讓以萬人而倒戈,林言以獻首而冀免,即最為密切之夥伴,亦已不知革命與反革命兩無並存[301],此皆入城腐化之惡果也。關中轉粟為李唐二百多年之艱鉅問題,夫豈毫無所知,今無論江淮非巢有,潼關以東未打通,甚而長安一隅,亦經常處於三面包圍之劣勢,縱使太倉少有儲積,焉能久支。馴至關輔百姓,餓死溝壑、析骸而食,不僅未解倒懸,反倒加深荼炭,招致群眾反感,勢所必趨。《史話》云:「但農民軍沒有抓緊這一個勝利的時機,展開軍事的進攻,還是苟安在長安拖延歲月,集結幾十萬武裝,來困守著一個京城,外面又沒有糧餉的接濟,即使敵人不進攻,曠日持久,也會自行崩潰的。」[302] 其評論良而不誤,然猶未也。黃河流域是唐代節鎮布置最密之區,亦即反抗軍最為集中之地,彼輩雖未必替李家出死力,卻肯為自己爭地盤,試看黃巢移向江淮,勢如破竹,回到北陸,掣肘便多,其中含意自可參透。關中如同釜底,當日環境條件,斷非適合義師指揮作戰之地。既見情景不同,即應跳出重圍,避實就虛,別謀立足,尤其發生成令瓌、朱溫等內部崩潰,更須

---

[301]　林言被殺,已見前文;尚讓後事,不可確知。考《新五代史》卷21〈敬翔傳〉云:「太祖破徐州,得時溥寵姬劉氏,愛幸之,劉氏,故尚讓妻也。」溥納讓之妻為姬,則讓想來亦早遭毒手矣。

[302]　233頁,所謂勝利時機,係指中和元年四月巢復入京一事。

移師整肅，以固根本。今乃臨到鴉兒軍將至、相驚伯有之際，始狼狽以去，此無他，對繁華誘惑戀戀不捨，沉醉於帝皇將相之錯誤念頭致使也。《舊傳》稱巢攻陳州時，為營象宮闕之制，正可表示其思想變質；《史話》反謂其採取機動策略，而後安全退出長安[303]，吾斯未之信。

第三疏失在盲目打擊，結果不僅無法分化敵人，反而促使敵人合以謀己。夫知己知彼，百戰百勝，乃真金不怕火煉之格言。退出長安，無論有無計畫，形式上總是失敗的表現，欲挽回頹喪之士氣，必須奪取另一較為安全之據點以休養生息，再振軍心。今據《舊紀》所言，孟楷攻陳，刺史趙犨臨陣斬楷，巢惜其死，遂怒而攜眾攻陳，是意氣用事之行動也。陳處潁水中游，本四通八達之區，無險可扼，然使稍攻不下而棄去，斯亦可矣，乃環攻逾十個月[304]，不僅無法培養士氣，反而從而挫抑之，頓兵堅城，犯兵家大忌，且重蹈臥困長安之覆轍，何也？《史話》云：「……收降了淮蔡節度使秦宗權的一支勁兵。這時如果能長征到江南富庶之區，建立革命根據地，是可以重新儲備革命力量的。」[305] 我以為尚可補充者，高駢坐擁淮南，自惜羽毛，且與浙西周寶不合（參《筆耕集》卷11），兩浙復相

---

[303]　240頁，按《新傳》云：「出藍田，入商山，委輜重珍資於道，諸軍爭取之，不復追。」亦略見退走時的狼狽情形。

[304]　《史話》云「從五月圍攻到十二月」，(242頁) 殊犯語病；據史料，實由六月圍攻到翌年四月底，非遇沙陀軍至，而巢尚未解圍也。

[305]　同上，按蔡州名奉國軍節度，此時無「淮蔡節度」之名，《史話》誤。

第四章　民變興起：百姓反抗與社會變革

惡（浙東劉漢宏，參《吳越備史》卷一），誠能利用其分化，何難觀釁以待時；不圖於此，而乃爭勝於意氣之間，此是何等愚蠢之行動。復次，唐末方鎮非遇切身利害，多求自固吾圉，苟明乎此種情勢，則新敗之後，自不應多樹敵以自困；唯巢要苦攻陳州，軍中所需，迫得旁掠他郡，〈時溥傳〉云：「及黃巢攻陳州，秦宗權據蔡州，與賊連結，徐、蔡相近，溥出師討之。」（《舊書》卷182）即盲目攻擊而樹敵自困之一例也。

第四疏失在無法靈活運用其策略。閒嘗謂巢前半期之成功，由於流動作戰，後半期之失敗，由於不流動作戰；然非謂必流動而後可以成功也，要看其合乎情勢與否。蓋革命軍初起之際，根基薄弱，自須採我之長，攻人之短；及聲勢浩大，差能立足，又須略謀變通。當其未入長安之前，所過之郡，不下數十，未聞揀選較形勝之雄鎮，派重兵駐守，作為後方根據地。而革命期中，逗留稍久者有長安餘二年、陳州幾一年，然此兩地又非適合當時久據之區也。失敗最足以消磨志氣，因無根據地，故東出藍田，流離失所，一敗塗地，未始無因。此外，義師所畏者沙陀騎軍，騎軍利平原不利山澤，誠能先期向南或西南方避去，即使暫無發展，也可保全實力，如黃浩之游擊湖湘多年。而竟不能擺脫鄉土觀念，敵從北來而我偏向北衝，何顏見江東父老，智謀未免出項羽之下矣。

第五疏失在不能組成立場較穩之基本幹部。常言孤掌難

鳴，革命偌大行動，非可以由個人或少數人包辦，必須挑選及訓練一班緩急可恃之人材，臨到危難之時，方不至於樹倒猢猻散。巢奔走革命，將近十年，可能接觸之人，實非少數，然部下未聞有傑出、足以繼承大業者，大抵多貪圖富貴，可勝而不可敗（如同州刺史王溥等）。最先有秦彥、畢師鐸、許勍、李罕之等降高駢，其次朱溫降王重榮，而降朱溫者又有李唐賓、葛從周多人，甚至久共患難之尚讓，亦因汴水失敗而倒戈，此後「巢愈猜忿，屢殺大將」，（《新傳》）悔無及矣。狼虎谷末日，只落得一門殉難，而窮途相逼者還是尚讓部下。質言之，即未注意到識拔及栽培幹部之失也[306]。

---

[306] 黃巢起義如何影響社會生產力，自是一般讀史者渴望得到解決的問題，但解決的關鍵，若非將革命前期（唐）與後期（五代及宋）的經濟發展，進行確切狀況的比對，不容易輕下斷論，只憑片斷的記載是不能推論全面情形的。我在此方面的研究，連淺入也說不上，當然無從提出正面意見，然而對近人某些說法，也多少抱有疑問；比如孫祚民說：「這次起義成為從中世紀莊園地主經濟，過渡到近古新興地主經濟的重要契機。附著於土地上的、帶有隸屬性的農奴從世族地主莊園中解放出來，……」（《中國農民戰爭問題探索》19 頁）然而唐代耕莊田的是否大部分為農奴，似乎還沒有什麼確鑿證據。另一方面，經濟學者卻認為宋代的莊園繼續發達（並參 1956 年《歷史教學》第四期李景林〈對北宋土地占有情況的初步探索〉）。其次，論及巢的流動作戰，孫氏不同意「在絕對優勢敵人壓力下，為適應具體情況而採用機動戰術」的說法，它的內在原因，「就是農民起義軍群眾中間階層的相當大數量的存在」。（同上 41 頁）可是我的看法，凡起義軍都包含相當大量的中間階層，如果正確，則孫氏所駁「並沒有迴避流動，而是據地堅持反抗」的現象，就難以說得通了。總之，無論流動或不流動，環境情勢與領導人物應該發揮極大的作用，其中非常複雜，如果想建構一個呆板的公式來套用，反而會脫離現實。比方巢初到江南，曾受過怎麼樣的抵抗，史料不明，浙東形勢亦復如是，南入福州，許有不得已之苦衷；廣州物資豐富，那時當遠勝閩地；到桂之後，部下都勸其北歸，是亦有不以流動為然者，焉能一概而論也。凡此問題，仍有待吾人深入探討，遽作結論，尚非其時。

第四章　民變興起：百姓反抗與社會變革

結語

　　本書完整反映出岑仲勉先生數十年來讀唐史的心得，且言辭通俗，見解獨特，把唐朝衰亡時期的重大問題，一個個抽絲剝繭地展示在眾人面前，富有研究價值。

　　在此次出版過程中，我們參考了多種版本，反覆校正、核對文字。但因時代久遠，書中很多詞語的用法與現代詞語的用法不同，為將作品內容原貌呈現，我們選擇了忠於原著，未做修改，特此說明。

國家圖書館出版品預行編目資料

唐朝興衰，從開元盛世到國運衰退：藩鎮割據、突厥入侵、農民起義……內外夾擊下，唐朝的命運走向不可挽回的終結 / 岑仲勉 著. -- 第一版 . -- 臺北市：複刻文化事業有限公司，2025.03
面；　公分
POD 版
ISBN 978-626-7671-79-5(平裝)
1.CST: 唐史 2.CST: 通俗史話
624.109　　　　　　114002587

唐朝興衰，從開元盛世到國運衰退：藩鎮割據、突厥入侵、農民起義……內外夾擊下，唐朝的命運走向不可挽回的終結

作　　者：岑仲勉
責任編輯：高惠娟
發 行 人：黃振庭
出 版 者：複刻文化事業有限公司
發 行 者：崧燁文化事業有限公司
E - m a i l：sonbookservice@gmail.com
粉 絲 頁：https://www.facebook.com/sonbookss/
網　　址：https://sonbook.net/
地　　址：台北市中正區重慶南路一段 61 號 8 樓
8F., No.61, Sec. 1, Chongqing S. Rd., Zhongzheng Dist., Taipei City 100, Taiwan
電　　話：(02) 2370-3310　　傳　　真：(02) 2388-1990
印　　刷：京峯數位服務有限公司
律師顧問：廣華律師事務所 張珮琦律師

-版權聲明-

本書版權為樂律文化所有授權複刻文化事業有限公司獨家發行電子書及紙本書。若有其他相關權利及授權需求請與本公司聯繫。

未經書面許可，不可複製、發行。

定　　價：299 元
發行日期：2025 年 03 月第一版
◎本書以 POD 印製